SPSS 12.0

POUR

WINDOWS

PRESSES DE L'UNIVERSITÉ DU QUÉBEC
Le Delta I, 2875, boulevard Laurier, bureau 450
Sainte-Foy (Québec) G1V 2M2
Téléphone : (418) 657-4399 • Télécopieur : (418) 657-2096
Courriel : puq@puq.ca • Internet : www.puq.ca

Distribution :

CANADA et autres pays

DISTRIBUTION DE LIVRES UNIVERS S.E.N.C.
845, rue Marie-Victorin, Saint-Nicolas (Québec) G7A 3S8
Téléphone : (418) 831-7474 / 1-800-859-7474 • Télécopieur : (418) 831-4021

FRANCE

DISTRIBUTION DU NOUVEAU MONDE
30, rue Gay-Lussac, 75005 Paris, France
Téléphone : 33 1 43 54 49 02
Télécopieur : 33 1 43 54 39 15

SUISSE

SERVIDIS SA
5, rue des Chaudronniers, CH-1211 Genève 3, Suisse
Téléphone : 022 960 95 25
Télécopieur : 022 776 35 27

SPSS 12.0

POUR

WINDOWS

G U I D E
d'autoformation

MICHEL PLAISENT
PROSPER BERNARD
CATALDO ZUCCARO
NAOUFEL DAGHFOUS

2004

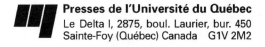

Presses de l'Université du Québec
Le Delta I, 2875, boul. Laurier, bur. 450
Sainte-Foy (Québec) Canada   G1V 2M2

Données de catalogage avant publication de Bibliothèque et Archives Canada

Vedette principale au titre :

   SPSS 12.0 pour Windows : guide d'autoformation

   ISBN 2-7605-1311-4

   1. SPSS pour Windows. 2. Sciences sociales – Méthodes statistiques – Logiciels.
3. Statistiques – Logiciels. I. Plaisent, Michel, 1947-   .

HA32.S677 2004   300'.285'536   C2004-941222-1

Nous reconnaissons l'aide financière du gouvernement du Canada
par l'entremise du Programme d'aide au développement
de l'industrie de l'édition (PADIÉ) pour nos activités d'édition.

Mise en pages : INTERSCRIPT

Couverture : Conception : NORMAN DUPUIS
            Réalisation : PUQ

1 2 3 4 5 6 7 8 9 PUQ 2004 9 8 7 6 5 4 3 2 **1**

Dépôt légal – 3ᵉ trimestre 2004
Bibliothèque nationale du Québec / Bibliothèque nationale du Canada
Imprimé au Canada

Table des matières

1 Description de l'application

Ce guide est destiné aux utilisateurs de SPSS qui commencent leur apprentissage. Ce document montre comment utiliser le logiciel de statistiques en décrivant les sujets suivants : l'utilisation des principaux menus et icônes, les déplacements dans les différentes fenêtres, l'utilisation des principales commandes statistiques et la création de graphiques à partir des données existantes. Il est important de noter que ce guide ne traite pas de l'interprétation des résultats statistiques.

Puisque cette application est destinée à l'environnement Windows, il est important que l'utilisateur ait quelques notions de base de cet environnement graphique. Il existe plusieurs ouvrages traitant de l'environnement Windows, auxquels les débutants devraient se reporter au besoin.

1.1. Exécution de SPSS pour Windows

L'exécution de SPSS 12.0 pour Windows 95/98/2000/XP et NT se fait en cliquant sur **Démarrer** et ensuite sur **Programmes**. Après ces opérations, vous n'avez qu'à choisir SPSS 12.0 for Windows parmi la liste des programmes affichés. Vous obtenez alors l'écran suivant.

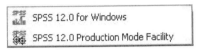

Fenêtre de choix d'application SPSS pour Windows

Le lancement de SPSS s'effectue par un simple clic sur l'option **SPSS 12.0 FOR WINDOWS**, qui vous amène à l'écran ci-dessous.

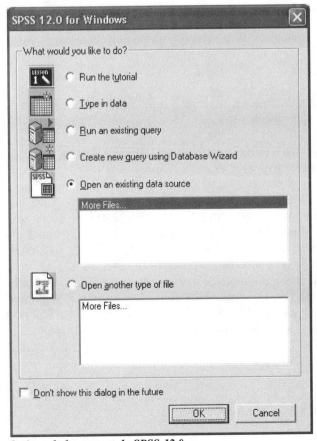

Options de lancement de SPSS 12.0

Le choix de l'option **TYPE IN DATA** vous amène à un nouvel écran qui vous permet d'entrer vos données ou d'effectuer divers traitements statistiques. Cet écran ressemble à celui présenté ci-dessous.

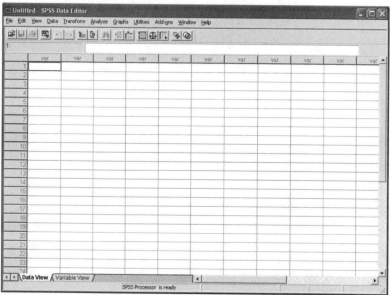

Écran principal de SPSS 12.0 pour Windows

Note pour les vieux amis de SPSS qui aimeraient travailler en mode mots clés (syntaxe)

Si la fenêtre **SPSS FOR WINDOWS SYNTAX EDITOR** n'est pas affichée à l'écran, vous devez modifier les préférences de SPSS pour Windows afin d'afficher celle-ci. Exécutez l'option **OPTIONS** du menu **EDIT**. Cochez la case **OPEN A SYNTAX WINDOW AT STARTUP**, puis cliquez sur le bouton **OK**. Pour que cette fenêtre s'affiche, vous devez redémarrer SPSS pour Windows. Pour ce faire, exécutez l'option **EXIT SPSS** du menu **FILE**. Une fois revenu à Windows, exécutez de nouveau SPSS pour Windows. La fenêtre **SPSS FOR WINDOWS SYNTAX EDITOR** est alors affichée au démarrage.

1.2. Description des principales fenêtres

L'écran principal de SPSS (voir la figure page précédente) est divisé en deux parties : la première contient la barre des menus et la barre des boutons de commande ; la deuxième partie est la section principale de l'application elle-même divisée en deux onglets : le premier pour les opérations sur les données, le second pour les opérations sur les variables.

C'est à partir de la barre des menus que l'on peut exécuter les diverses commandes permettant d'effectuer les opérations statistiques, graphiques, d'édition ou autres dont l'utilisateur a besoin. Les menus étant regroupés par catégories, il faut d'abord savoir ce qu'on désire réaliser. Par exemple, pour créer un graphique, il faut aller dans le menu **GRAPHS**. La barre des boutons est uniquement un raccourci de la barre des menus. Elle ne contient que les commandes les plus fréquemment utilisées.

- Le menu **FILE** permet la gestion des fichiers (p. ex., ouvrir un nouveau fichier, fermer, enregistrer, etc.).

- Le menu **EDIT** permet d'effectuer les opérations d'édition de traitement de texte (p. ex., copier, couper, coller, sélectionner, etc.).

- Le menu **VIEW** permet de définir les options de l'écran (p. ex., barres d'outils).

- Le menu **DATA** traite de tout ce qui est lié à la gestion de la base de données (p. ex., définir une variable, insérer une variable, trier les données, etc.).

- Le menu **TRANSFORM** permet d'effectuer différentes opérations de transformation sur les variables de la base de données (p. ex., recodification, catégorisation, création d'indices, de calcul, etc.).

- Le menu **ANALYZE** dispose les résultats et réalise toutes les analyses statistiques que SPSS permet d'effectuer (p. ex., régressions, corrélations, etc.).

- Le menu **GRAPHS** présente tous les types de graphiques que SPSS permet de créer (p. ex., histogrammes, Boxplot, lignes, etc.).

- Le menu **UTILITIES** comprend les utilitaires du programme (p. ex., informations sur les fichiers, informations sur les variables, etc.).

- Le menu **ADD-ONS** présente les compléments SPSS (p. ex., catégories de SPSS, des exemples complexes de SPSS, etc.).

- Le menu **WINDOWS** permet la gestion des fenêtres dans SPSS.

- Le menu **HELP** est un outil d'aide à l'utilisation de SPSS.

L'onglet **DATA VIEW** de la deuxième partie de l'écran est principale-
ment utilisée pour visualiser les données. Ceci s'avère très utile puisqu'une
vérification visuelle est souvent suffisante pour valider des modifications.
L'onglet **VARIABLE VIEW** permet de définir les donnéees.

1.3. Navigation à travers les menus et fenêtres

La navigation à travers les différents menus et les différentes fenêtres se
fait à l'aide du clavier ou de la souris. L'utilisation de la souris se révèle
souvent plus facile et rapide que le clavier.

Pour accéder aux menus à l'aide de la souris, il suffit de cliquer sur
le menu désiré et les commandes disponibles pour ce menu s'afficheront. Il
ne reste qu'à cliquer sur la commande désirée. Si une commande est affichée
en gris pâle, cela indique que la commande n'est pas disponible pour
l'opération souhaitée. Généralement, cela apparaît pour une opération irréa-
lisable, par exemple essayer de copier quand le fichier ne contient pas de
données. Par contre, une commande affichée en noir signifie que celle-ci est
accessible.

Certaines commandes à l'intérieur d'un menu contiennent des sous-
commandes. Si tel est le cas, le signe ▶ est affiché à la droite de la
commande. Pour accéder à ces sous-commandes, il faut simplement cliquer
sur la commande désirée pour que les sous-commandes de cette dernière
s'affichent. Lorsque la souris n'est pas disponible, il est nécessaire d'utiliser
le clavier. Pour accéder aux différents menus à partir du clavier, il faut se
servir des touches [**Alt**] ou [**Maj**] et de la lettre soulignée du menu. L'opération doit se faire en deux étapes. Il faut préalablement appuyer sur [**Alt**]
pour activer le choix. Une lettre pour chaque mot dans la barre de menu
devient alors soulignée, il s'agit alors de taper au clavier la lettre soulignée
pour activer le menu. Par exemple, pour accéder au menu **UTILITIES**, il vous
suffit d'enfoncer la touche [**Alt**], puis d'appuyer sur la lettre « U » pour que
les commandes de ce menu s'affichent.

Finalement, pour sélectionner la commande désirée à l'intérieur de
UTILITIES, vous appuyez sur la lettre soulignée dans la commande désirée
ou utiliser les flèches de direction [↓] et [↑] pour vous déplacer sur la bonne
commande, puis enfoncez la touche [**Entrée**] pour sélectionner la commande.
Vous pouvez indifféremment utiliser une lettre majuscule ou minuscule.

Le principe est un peu différent en ce qui concerne les fenêtres. Plusieurs fenêtres peuvent être affichées à l'écran. Les titres des fenêtres ouvertes sont affichés dans le menu **WINDOW**. Peu importe le nombre de fenêtres, il ne peut y avoir plus d'une fenêtre active. Une fenêtre est dite active lorsque son titre est coché. Elle est dite inactive dans le cas contraire. Rappelons que SPSS n'ouvre que la fenêtre des données au lancement ; une deuxième est ouverte lorsque vous lancez, entre autres, une analyse statistique ; une troisième peut être ouverte lorsque vous activez le **WINDOWS SYNTAX EDITOR** et ainsi de suite.

Pour activer une fenêtre, il suffit de cliquer sur cette dernière dans la barre des tâches ou de la sélectionner dans le menu **WINDOW** si la souris n'est pas disponible. Selon la fenêtre qui est active, les menus ainsi que la barre d'icônes peuvent varier. Cette variation facilite le travail de l'utilisateur, car les menus s'adaptent au contenu de la fenêtre. Si la fenêtre active est celle des données, les commandes disponibles ne sont pas les mêmes que pour une fenêtre qui contient un graphique.

1.4. Accès aux différents menus d'aide

SPSS 12.0 pour Windows dispose d'une section d'aide très complète. On y accède en ouvrant le menu **HELP** et en sélectionnant le sujet pour lequel on veut avoir de l'aide.

Topics
Tutorial
Case Studies
Statistics Coach
Command Syntax Reference
SPSS Home Page
About...
Register Product...

Fenêtre de l'aide

Dans le menu **HELP**, on trouve sept options. **TOPICS** vous permet de faire des recherches par sujets prédéfinis. **TUTORIAL** contient une aide très précise sur certaines commandes. **CASE STUDIES** contient une aide orientée sur les procédures d'étude de cas. En ce qui concerne **STATISTICS COACH**, cette option offre des exemples d'analyses statistiques et initie au monde des statistiques! **COMMAND SYNTAX REFERENCE** offre des options supplémentaires que nous ne verrons pas ici. Notez cependant que vous devez disposer du logiciel Acrobat Reader pour lire le contenu de ces options. **SPSS HOME PAGE** vous renvoie directement au site Web de SPSS. Enfin, **ABOUT SPSS** présente des informations relatives à votre version de SPSS. L'option la plus utilisée est **TOPICS**, laquelle fonctionne par mots clés. Cliquez sur cette option afin de l'activer et sélectionnez l'onglet **RECHERCHER**.

L'utilisation de l'écran est fort simple. Dans la case du haut, il faut taper le mot du thème pour lequel on désire avoir de l'aide. Ensuite il suffit d'enfoncer la touche [**Entrée**] ou de cliquer sur le bouton **List TOPICS**. (NOTE : Cette fenêtre peut être partiellement en français selon la version du système d'exploitation.) Les thèmes se positionnent par ordre de pertinence dans la sous-fenêtre du dessous. Par exemple, pour avoir de l'aide sur les moyennes (*mean* en anglais), tapez le mot « **mean** » et appuyez sur la touche [**Entrée**]. Automatiquement, une liste de choix s'offre à vous. Il suffit de la parcourir et de choisir la rubrique appropriée.

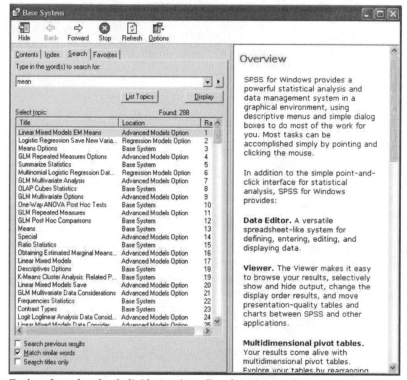

Fenêtre de recherche de l'aide (système d'exploitation anglais)

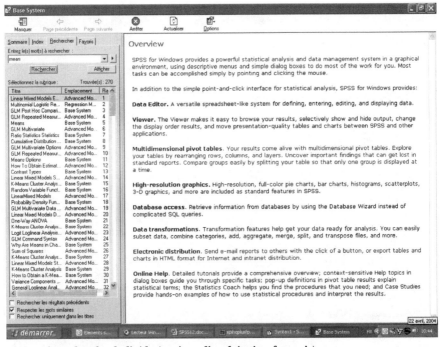

Fenêtre de recherche de l'aide (système d'exploitation français)

Plusieurs choix traitant de la moyenne s'offrent à vous. Pour afficher l'aide d'une rubrique, cliquez sur la rubrique désirée (située dans la deuxième case de la boîte de dialogue au bas de l'écran), puis cliquez, selon la langue, respectivement sur le bouton **DISPLAY** ou **AFFICHER**. Sélectionnez la rubrique **MEANS** à titre d'exemple, puis cliquez sur le bouton **DISPLAY** ou **AFFICHER**. Pour que la fenêtre affiche seulement le contenu de la rubrique cliquez sur le bouton **HIDE** ou **MASQUER** (situé à gauche dans le haut de la fenêtre). Vous obtenez alors l'écran qui suit.

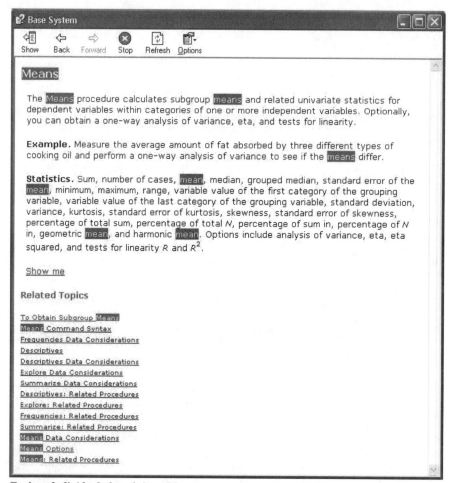

Fenêtre de l'aide de la rubrique Means

L'aide sur le sujet s'affiche. Par défaut, le mot recherché (**Means**) apparaît dans le texte sur un fond bleu. Ceci peut être annulé en sélectionnant l'item **SEARCH HIGHLIGHT OFF (DÉSACTIVER LA MISE EN SURBRILLANCE)** situé dans le menu du bouton **OPTIONS** dans le haut de la fenêtre. Pour savoir comment utiliser une commande, cliquez sur **SHOW ME** et pour obtenir de l'aide sur des sujets semblables, cliquez sur un des items sous la rubrique **RELATED TOPICS**.

Pour revenir à l'écran précédent, cliquez sur le bouton **SHOW** ou **AFFICHER**. Pour effectuer d'autres recherches sur d'autres mots clés, cliquez sur l'onglet **SEARCH** ou **RECHERCHER**. Pour quitter l'aide, cliquez sur le **X** situé dans le coin supérieur droit de la fenêtre.

2 Saisie et édition des données

*Les données constituent l'ingrédient de base de l'utilisation d'un logiciel de statistiques. Avec SPSS pour Windows, on peut introduire les données de trois façons différentes. La première consiste à saisir les données directement à partir de SPSS dans l'écran **DATA EDITOR**. La deuxième façon consiste à importer les données d'un autre logiciel, par exemple Lotus, Excel, dBase ou Access. Il est également possible d'importer les données directement d'un fichier ASCII. L'importation à partir d'un fichier ASCII est surtout utilisée lorsque les données proviennent d'un ordinateur autre que ceux de la plate-forme IBM PC: les ordinateurs centraux de marque VAX et HP, par exemple. La troisième façon consiste à coller les données copiées à partir d'un autre logiciel. Pour chacune des méthodes mentionnées précédemment, les principales caractéristiques et conditions à respecter sont décrites dans les sections suivantes.*

2.1. Saisie des données à l'intérieur de SPSS

Si les données n'ont pas été saisies dans un autre logiciel, il est préférable de les saisir directement sur l'éditeur de données de SPSS pour Windows. De cette manière, on évite les risques d'erreurs de conversion ou d'importation. La saisie des données se fait à partir de la fenêtre **DATA EDITOR**. Dans l'onglet **VARIABLE VIEW**, l'utilisateur définit d'abord les variables et certaines caractéristiques qualitatives rattachées à chacune des variables (nom de la variable, valeur possible, «*missing value*», etc.).

Écran principal de SPSS 12.0 pour Windows

Quant à l'écran de saisies des données de SPSS (**DATA VIEW**), il est semblable à celui d'une application de chiffrier électronique (p. ex., Lotus ou Excel). Le principe de saisie des données est très simple : chaque colonne représente une variable et chaque ligne correspond à une observation. Les noms des variables apparaîtront sur la ligne horizontale du cadre, c'est-à-dire celle qui contient actuellement le mot « **var** » à l'écran.

2.1.1. Saisie des noms des variables

La première étape consiste à définir les noms de chacune des variables. L'exemple proposé comporte sept variables. Dans l'écran **DATA VIEW**, pour donner un nom à une variable, il faut double-cliquer sur le titre de la colonne (« **var** »). Dans **VARIABLE VIEW**, entrez un nom valide dans une ligne libre.

Fenêtre de saisie des noms de variables et types

La colonne **NAME** sert à donner un nom à la variable.

Faisons ici un aparté. La version 12.0 de SPSS ne permet que les noms de variable n'excédant pas 64 caractères. Dans les versions antérieures, ce nombre était limité à huit caractères. Toutefois, une quinzaine de caractères est le maximum que nous vous recommandons d'utiliser. En fait, lorsque subséquemment vous allez exécuter une analyse, la fenêtre où vous devrez placer vos variables ne contiendra pas plus de 18 caractères. Le reste des caractères n'est pas visible à moins de pointer la souris sur chacune des variables qui ont plus de 18 caractères. Pour l'utilisation d'un nom plus long afin d'avoir un descriptif plus complet, nous vous conseillons d'utiliser le bouton **LABELS** que nous verrons un peu plus loin. Il est fortement recommandé de ne pas utiliser de caractères accentués ainsi que certains caractères protégés comme +, −, %, $, /.

Vous allez maintenant créer la première variable, qui est l'âge du répondant. Dans la colonne **NAME**, tapez **age** comme nom de la variable. Pressez la touche [**Entrée**] pour accepter le nom de la variable et continuer la saisie dans la fenêtre des données. Le nom de la variable s'affiche dans la première case de la première colonne. (À noter que le type de variables, le format, le nombre de décimales, etc. s'écrivent automatiquement avec une valeur par défaut.)

La deuxième variable est le sexe du répondant. Les valeurs qui seront saisies pour cette variable ne seront pas numériques, mais consisteront en des caractères alphabétiques : **H** pour homme ou **F** pour femme. Dans la colonne **NAME**, tapez **sexe** comme nom de la variable. Il faut maintenant indiquer à SPSS que les données seront de type alphabétique. Cliquez sur la cellule **TYPE** au niveau de la variable **sexe** pour modifier le type de données pour cette variable. Cliquez sur le carré contenant les trois petits boutons. Cette fenêtre sera expliquée en détail dans la section **2.6 Modification des propriétés des variables**.

Pour assigner des caractères alphabétiques comme type de données d'une variable, il est nécessaire de sélectionner le type **STRING**. Une fois le type sélectionné, il faut cliquer sur le bouton **OK** pour revenir à la fenêtre de définition des variables. Pressez la touche [**Entrée**] pour accepter le nom de la variable. Passez directement à la troisième ligne de l'onglet **VARIABLE VIEW** pour inscrire le nom de votre troisième variable.

Il reste cinq variables à saisir afin de compléter l'exemple. Saisissez celles-ci avec les noms et l'ordre de présentation suggérés à la fenêtre précédente. Lorsque l'opération de création des variables sera terminée, passez à l'étape suivante, à savoir la saisie des données.

2.1.2. Saisie des données

La deuxième étape consiste à saisir les données qui seront utilisées tout au long de ce guide. Dans l'onglet **DATA VIEW**, la saisie se fait comme dans une feuille Excel. Chaque case correspond à une observation relative à une variable. Chaque ligne correspond à un répondant ou à une unité d'observation alors que chaque colonne représente une variable. Les touches de déplacement à l'intérieur de la fenêtre de saisie des données sont très simples. Pour passer d'une variable à une autre, utilisez la touche [**Tab**] ou [→], pour aller à la variable de droite, et [**Maj**]+[**Tab**] ou [**Maj**]+[→] pour aller à la variable de gauche. Pour aller à la ligne suivante, utilisez la touche [**Entrée**] ou [↓] et, pour aller à la ligne précédente ou au formulaire précédent, utilisez la touche [↑]. À titre d'exemple, saisissez les données suivantes.

	age	sexe	salaire	statut	emploi	scolarit	ratio
1	25	H	26500	1	3	2	3,4
2	29	H	27500	2	1	3	5,2
3	38	F	34000	2	2	4	6,5
4	24	H	28000	2	2	2	2,8
5	34	F	29800	1	1	3	6,2
6	31	F	49000	3	3	5	5,0
7	40	F	29550	2	3	4	6,2
8	33	H	37000	1	1	2	4,0
9	27	H	25000	1	2	1	5,0
10	41	F	24000	3	2	2	6,5
11	55	H	27500	2	3	2	6,1

Données à saisir à titre d'exemple

2.2. Importation des données à partir d'une autre application

Comme nous l'avons mentionné, il est possible d'importer des données de d'autres logiciels, tels que Excel, dBase, Access ou des fichiers de type ASCII. Dans tous ces cas, la procédure est semblable. Seuls les fichiers de type ASCII demandent quelques étapes de plus pour l'importation. Pour importer un fichier dans SPSS pour Windows 12.0, il est nécessaire d'exécuter le menu **FILE** et de sélectionner la commande **OPEN** puis choisir **DATA**.

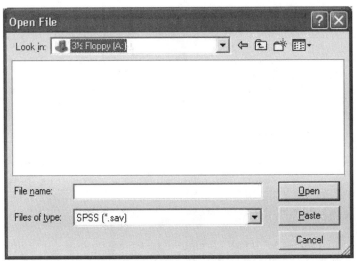

Fenêtre d'ouverture/importation d'un fichier de données

La première étape consiste à sélectionner le bon lecteur de disque ainsi que le bon répertoire afin de retrouver votre fichier. Pour modifier le lecteur ou le répertoire, cliquez sur la flèche de la case **LOOK IN** (ATTENTION, cela dépend du système d'exploitation), puis sélectionnez le lecteur ainsi que le répertoire désirés. Une fois ces deux paramètres définis, reportez-vous à la section correspondant au type de fichier pour les étapes suivantes.

2.2.1. Importation à partir d'Excel

Il y a quelques règles de base à respecter pour pouvoir importer les données à partir d'Excel. Les données provenant d'Excel doivent être saisies sous forme de tableau en colonnes, c'est-à-dire que chaque colonne correspond à une variable. Les noms des variables doivent être sur la première ligne (ligne 1) et ils ne doivent pas excéder huit caractères. Si une variable a plus de huit caractères, SPSS ne gardera que les huit premiers ; les suivants seront tout simplement ignorés. Il est préférable de ne pas utiliser de caractères accentués dans les noms des variables ainsi que certains caractères protégés dans SPSS comme +, −, %, $, / et certains noms comme EQ, LE, LT, GE, GT. Il ne doit pas y avoir d'espace entre les caractères. Les données doivent débuter à la deuxième ligne du chiffrier (ligne 2). Les données suivantes ont été saisies à partir d'un fichier Excel. Le nom du fichier de données était **DONNEES.XLS**.

	A	B	C	D	E	F	G
1	age	sexe	salaire	statut	emploi	scolarit	ratio
2	25 H		26500	1	3	2	3,4
3	29 H		27500	2	1	3	5,2
4	38 F		34000	2	2	4	6,5
5	24 H		28000	2	2	2	2,8
6	34 F		29800	1	1	3	6,2
7	31 F		49000	3	3	5	5
8	40 F		29550	2	3	4	6,2
9	33 H		37000	1	1	2	4
10	27 H		25000	1	2	1	5
11	41 F		24000	3	2	2	6,5
12	55 H		27500	2	3	2	6,1

Données saisies à partir d'Excel (DONNEES.XLS)

Dans la case **FILES OF TYPE**, il faut d'abord sélectionner l'option **EXCEL** (*.XLS) afin d'indiquer à SPSS le type de fichier de données à importer. Ensuite, tous les fichiers ayant une extension de Excel s'affichent dans la grande case du centre.

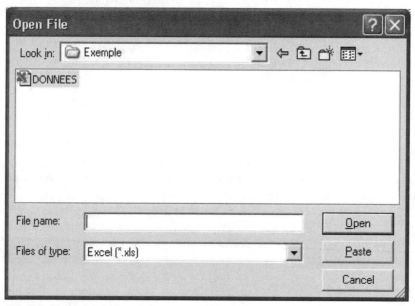

Importation de fichier Excel

La dernière étape consiste à sélectionner le fichier en cliquant sur ce dernier. Pour lancer l'importation des données, cliquez sur le bouton **OUVRIR** et cochez l'option **READ VARIABLE NAMES FROM THE FIRST ROW OF DATA**, puis appuyez sur **OK**.

2.2.2. Importation à partir de dBase

Les données provenant de dBase sont acceptées seulement si elles proviennent des versions II, III, III+ ou IV. Si le fichier de données provient d'une version ultérieure de dBase (version pour Windows par exemple), les données doivent être enregistrées au préalable dans l'un des formats mentionnés précédemment.

L'importation à partir d'une base de données comme dBase est probablement la chose la plus simple, car dans la structure du fichier, les formats des variables sont déjà définis (entier et décimal). Tout comme dans l'importation à partir d'un chiffrier, les noms des variables ne doivent pas excéder huit caractères. Si une variable a plus de huit caractères, SPSS ne gardera que les huit premiers ; les suivants seront tout simplement ignorés.

Dans la case **TYPE**, il faut d'abord sélectionner l'option **DBASE** (*.DBF) afin d'indiquer à SPSS le type de fichier de données à importer. Ensuite, tous les fichiers ayant une extension de dBase s'affichent dans la grande fenêtre du centre. La dernière étape consiste à sélectionner le fichier désiré en cliquant sur ce dernier. Pour lancer l'importation des données, cliquez sur le bouton **OUVRIR**.

2.2.3. Importation à partir d'un fichier ASCII

Les données provenant d'un fichier ASCII sont acceptées par l'éditeur de SPSS si les données des variables sont séparées par un tabulateur, à savoir la touche [**Tab**] du clavier. Les données peuvent avoir été saisies à partir de n'importe quel éditeur de texte ASCII dans l'environnement DOS ou Windows. La touche [**Tab**] doit obligatoirement être utilisée pour séparer les données d'une même ligne. Le fichier de données ASCII pourra avoir une extension **.DAT** ou **.TXT**.

Il existe également un autre format ASCII qui est supporté par SPSS pour Windows ; il est dit en colonne fixe. Ce type de fichier ne sera pas décrit dans ce guide, car le niveau de difficulté pour exécuter cette opération complexe est beaucoup plus élevé. Il est cependant possible de convertir un fichier ASCII en colonne fixe en un fichier ASCII avec délimiteur. Cette opération peut être réalisée à partir d'un logiciel de chiffrier électronique (Lotus ou Excel) ou d'un logiciel de traitement de textes (WordPerfect ou Word).

Les données doivent être saisies sous forme de tableau en colonnes, c'est-à-dire que chaque colonne correspond à une variable. Il y a quelques règles de base à respecter en important les données à partir d'un fichier ASCII. Les noms des variables doivent être sur la première ligne et ils ne doivent pas excéder huit caractères. Si une variable a plus de huit caractères, SPSS ne gardera que les huit premiers ; les suivants seront tout simplement ignorés. Il est préférable de ne pas utiliser de caractères accentués dans les noms des variables. Les données doivent débuter à la deuxième ligne du fichier ASCII. Les données suivantes ont été saisies à partir d'un éditeur de texte ASCII dans l'environnement Windows. Le nom du fichier de données de cet exemple est **DONNEES.DAT**.

age	sexe	salaire	statut	emploi	scolarit	ratio
25	H	26500	1	3	2	3,4
29	H	27500	2	1	3	5,2
38	F	34000	2	2	4	6,5
24	H	28000	2	2	2	2,8
34	F	29800	1	1	3	6,2
31	F	49000	3	3	5	5
40	F	29550	2	3	4	6,2
33	H	37000	1	1	2	4
27	H	25000	1	2	1	5
41	F	24000	3	2	2	6,5
55	H	27500	2	3	2	6,1

Données saisies à partir d'un fichier ASCII

Dans la case **FILES TYPE**, il faut d'abord utiliser la barre de défilement afin d'indiquer à SPSS le type de fichier de données à importer.

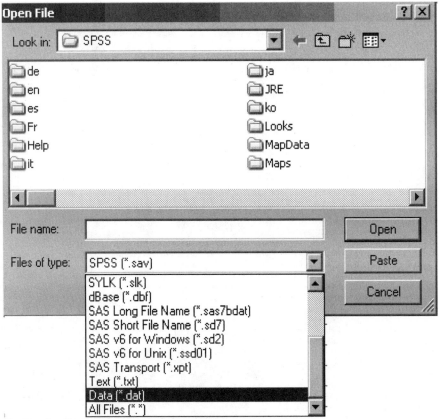

Fenêtre de sélection du type de fichier à importer

Après avoir sélectionné l'extension désirée, les fichiers ayant la même extension s'affichent dans la grande fenêtre du centre. La dernière étape consiste à sélectionner le fichier désiré en cliquant sur ce dernier. Pour lancer l'importation des données, cliquez sur le bouton **OUVRIR**.

2.3. Enregistrement de données

Une fois l'importation ou la saisie des données terminée, il est recommandé d'enregistrer les données sur disque, afin de pouvoir les réutiliser par la suite. Pour enregistrer les données, cliquez sur le bouton d'enregistrement ou bien exécuter l'option **SAVE AS** du menu **FILE.**

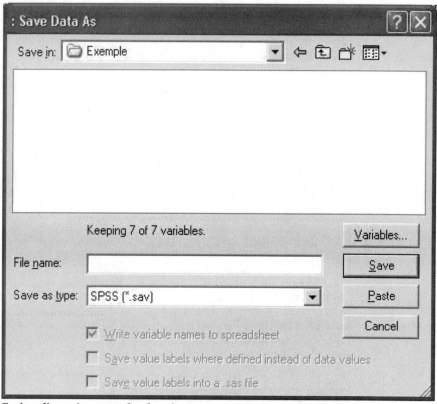

Fenêtre d'enregistrement des données

Cliquez sur le bouton de la case **DANS** afin de sélectionner le lecteur sur lequel les données doivent être enregistrées. Par la suite, cliquez sur le répertoire désiré s'il y a lieu. Dans la fenêtre **NOM**, saisissez **DONNEES.SAV** comme nom pour le fichier de données. Pour enregistrer les données, il suffit de cliquer sur le bouton **ENREGISTRER**.

2.4. Quitter SPSS pour Windows

Lorsque votre travail est terminé et que vous voulez quitter SPSS pour Windows, exécutez l'option **EXIT** du menu **FILE** comme le montre l'écran de la page suivante.

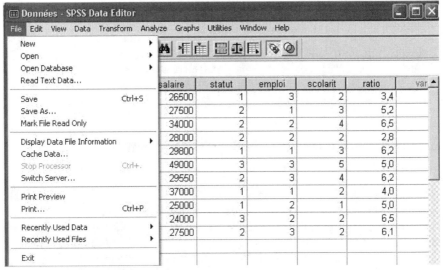

Fenêtre de sortie de SPSS

2.5. Ouverture d'un fichier de données en format SPSS déjà existant

Les données en format SPSS (qu'elles aient été saisies ou importées d'une autre application) peuvent être récupérées afin de poursuivre le travail déjà entrepris. La procédure est assez simple. Pour récupérer un fichier de données SPSS déjà existant, cliquez sur le bouton d'ouverture de fichier ou exécutez l'option **OPEN** du menu **FILE**.

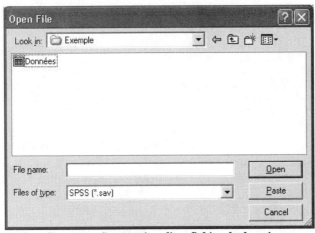

Fenêtre d'ouverture/importation d'un fichier de données

La première étape consiste à retrouver le fichier de données sur le disque rigide ou sur la disquette. Pour modifier le lecteur, cliquez sur la flèche de la case **EXPLORER**, puis sélectionnez le lecteur ainsi que le répertoire désiré. Une fois le lecteur et le répertoire sélectionnés correctement, il ne vous reste qu'à choisir le fichier désiré dans la fenêtre **NOM**. Cliquez sur le fichier, puis sur le bouton **OUVRIR** pour lancer le chargement des données dans SPSS. Une fois chargées, les données apparaissent dans la feuille de données.

2.6. Modification des propriétés des variables

SPSS vous permet de changer le type, la description et le format de la variable. On peut aussi, grâce à l'option **MISSING**, indiquer que les valeurs non conformes doivent être considérées comme manquantes. Enfin, trois modalités (scalaire, ordinal, nominal) permettent d'indiquer le type de valeurs permises pour cette variable. Cette étape est très importante, car elle permet de caractériser plus finement les variables en leur assignant un titre, un nom et un format.

La première variable dont les propriétés doivent être modifiées est la variable **sexe**. Pour activer la fenêtre des propriétés de la variable **sexe**, double-cliquez sur son nom dans la fenêtre **DATA VIEW**.

Fenêtre de saisie des paramètres de variables de données

Une autre façon consiste à cliquer sur l'onglet de feuille **VARIABLE VIEW**, puis à sélectionner la variable voulue.

La fenêtre contient le nom de la variable ; ici le nom est **sexe**. Elle contient aussi la description de la variable. C'est un résumé des différentes caractéristiques[1] de la variable **sexe**. Juste après, se trouvent les boutons permettant de les modifier. Enfin, on définit les valeurs que peut prendre la variable lorsqu'elle est mesurée.

Par exemple, si on veut changer le type de la variable **sexe**, on choisit la variable voulue dans l'onglet **VARIABLE VIEW**, puis **TYPE**. On obtient l'écran ci-dessous.

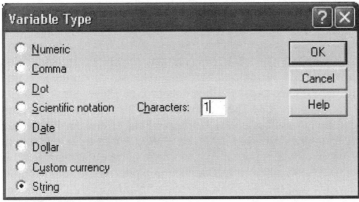

Fenêtre du bouton Type

Le bouton **TYPE** permet de spécifier le type de données approprié à la variable, c'est-à-dire le genre de données qui sera assigné à la variable (numérique, alphabétique, date, monétaire, etc.) ainsi que le format des variables et le nombre de décimales lorsqu'il s'agit d'un type numérique. Pour modifier le type de données d'une variable, cliquez sur le type désiré. Pour modifier le nombre de décimales, cliquez dans la case **CHARACTERS**, puis modifiez la valeur.

Les boutons **WIDTH** et **DECIMALS** indiquent au logiciel le nombre maximal de caractères que la variable aura dans l'écran principal ainsi que dans certains résultats d'analyses statistiques. Par exemple, si la variable **ratio** a un format d'une décimale et que vous avez des valeurs avec plus d'une décimale, le résultat affiché sera quand même d'une seule décimale. À noter toutefois que la valeur inscrite dans les données, peu importe le nombre de décimales affiché, sera celle prise en compte dans les calculs statistiques.

---

1. En fonction de la provenance des données (importation d'Excel ou de dBase par exemple), il peut arriver que les caractéristiques soient différentes.

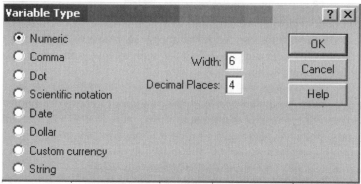

Fenêtre du bouton Type

Les boutons **LABELS** et **VALUES** permettent de donner un titre ou un libellé plus significatif à la variable et aux valeurs de ses modalités. Ce titre et ces valeurs seront affichés dans les différents calculs statistiques (tableaux croisés, par exemple). Pour **LABELS**, inscrivez simplement **Sexe du répondant** sur la ligne de la variable correspondante. Pour mettre un libellé aux valeurs, cliquez une première fois dans la case **VALUE** à la ligne correspondante à la variable associée. Cliquez ensuite sur le carré contenant les trois petits boutons, une fenêtre apparaîtra (voir exemple plus bas). Associez alors la valeur **F** à la case **VALUE, Femme** à la case **VALUE LABEL**, et cliquez ensuite sur **ADD**. Après avoir fait la même chose pour la valeur **H** pour **Homme**, vous aurez des résultats semblables à ceux illustrés ci-après. Pour modifier un libellé déjà saisi, cliquez sur ce dernier, puis sur le bouton **CHANGE**. Pour supprimer un libellé ainsi que sa valeur, cliquez sur ce libellé, puis sur le bouton **REMOVE.**

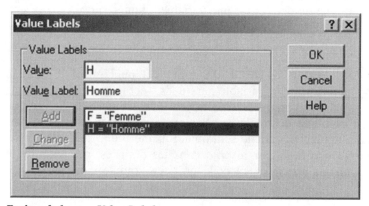

Fenêtre de bouton Value Labels

Le bouton **MISSING** permet d'indiquer les valeurs de la variable qui seront considérées comme des données manquantes. Les données manquantes sont des valeurs qui sont ignorées lors des traitements statistiques ou de l'élaboration des graphiques. La plupart du temps, le nombre de données manquantes est indiqué à la suite de l'exécution d'une procédure statistique. Pour définir des données manquantes, cliquez sur la catégorie désirée, puis saisissez les valeurs dans chacune des cases.

Missing Values

- ⦿ No missing values
- ○ Discrete missing values
- ○ Range plus one optional discrete missing value
  - Low: High:
  - Discrete value:

OK   Cancel   Help

Fenêtre du bouton Missing Values

Le bouton **COLUMNS** permet de déterminer la largeur de la colonne qui apparaîtra à l'écran. Cliquez dans la case **COLUMNS**, puis saisissez la nouvelle valeur comprise entre 1 et 255. Attention, une valeur trop faible vous empêchera de voir le nom de la variable. Pour modifier la largeur d'une colonne, augmenter ou réduire la taille de la colonne, utilisez la flèche du haut pour augmenter la valeur et la flèche du bas pour diminuer la valeur.

Fenêtre du bouton Columns

Le bouton **ALIGN** sert à aligner les données à l'intérieur des cellules. Finalement, pour modifier l'alignement du texte, cliquez sur l'une des trois dispositions disponibles.

Fenêtre du bouton Align

Le bouton **MEASURE** permet de fixer l'échelle de mesure. Il existe trois types d'échelle de mesure qui sont : l'échelle nominale (**NOMINAL**), l'échelle ordinale (**ORDINAL**), l'échelle d'intervalles et l'échelle de rapport (**SCALE**).

Fenêtre du bouton Measure

Les propriétés de chacune des sept variables peuvent être modifiées afin de les rendre plus visibles dans la feuille de données et d'en optimiser l'affichage. L'insertion de titres de libellés pour les valeurs et les variables permet de faciliter la lecture des résultats statistiques. Pour chaque variable, effectuez la saisie de chacune des caractéristiques.

	Name	Type	Width	Decimals	Label	Values	Missing	Columns	Align	Measure
1	age	Numeric	11	0		None	None	8	Right	Scale
2	sexe	String	1	0		(F, Femme)...	None	1	Left	Nominal
3	salaire	Numeric	11	0		None	None	8	Right	Scale
4	statut	Numeric	11	0		None	None	8	Right	Scale
5	emploi	Numeric	11	0		None	None	8	Right	Scale
6	scolarit	Numeric	11	0		None	None	8	Right	Scale
7	ratio	Numeric	11	1		None	None	8	Right	Scale

Fenêtre de l'écran Variable View

2.7. Regroupement des valeurs d'une variable

Dans certains cas, pour les besoins d'une analyse, il sera nécessaire de regrouper les valeurs d'une variable. Par exemple, vous pouvez regrouper les valeurs de la variable **age** de sorte que vous obtiendrez des groupes d'âge (11 à 20 ans, 21 à 30 ans, etc.). Vous pouvez également regrouper le **salaire**. Ces regroupements sont très utilisés, notamment pour les tests du chi-carré.

Le résultat du regroupement des valeurs d'une variable située dans une colonne peut être fait dans la même colonne ou dans une nouvelle. Le deuxième choix est le plus sûr, car les données originales ne sont pas modifiées. Si vous décidez de modifier les catégories, les données originales sont toujours disponibles, car elles demeurent inchangées dans la colonne initiale, tandis que dans le premier choix les données originales sont remplacées de façon définitive par les données du regroupement.

2.7.1. Regroupement des valeurs de la variable âge

Vous allez regrouper les données de la variable **age** selon les catégories du tableau suivant.

Catégories d'âge	Valeurs correspondantes
Inférieur à 21 ans	1
De 21 à 30 ans	2
De 31 à 40 ans	3
De 41 à 50 ans	4
De 51 à 60 ans	5
Supérieur à 60 ans	6

La nouvelle variable regroupée contient six catégories de la variable **age**. Cette nouvelle variable portera le nom **grp_age**. Exécutez l'option **RECODE** du menu **TRANSFORM**. Parmi les deux options disponibles, sélectionnez l'option **INTO DIFFERENT VARIABLES** pour ne pas perdre les données de la variable d'origine.

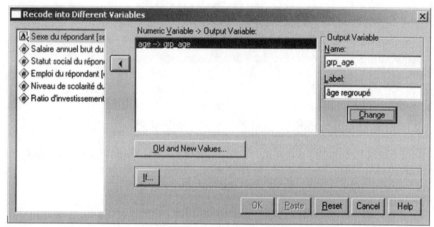

Fenêtre de définition des regroupements de données

La première étape consiste à définir la variable à regrouper puis la nouvelle variable qui contiendra le regroupement. Cliquez sur la variable **age**, puis sur le bouton ▶ pour déplacer la variable dans la section **INPUT VARIABLE -> OUTPUT VARIABLE**.

Dans la section **OUTPUT VARIABLE**, vous donnez le nom puis le titre de la nouvelle variable. Dans la case **NAME**, tapez le nom **grp_age** comme nom de la nouvelle variable. Dans la case **LABEL**, tapez la description suivante : **âge regroupé**. Cliquez sur le bouton **CHANGE** pour rendre la nouvelle variable active.

La dernière étape consiste à définir les regroupements. Cliquez sur le bouton **OLD AND NEW VALUES** pour accéder à la fenêtre de définition des regroupements.

Fenêtre de définition des regroupements de données

La fenêtre se divise en trois grandes parties. La première partie (**OLD VALUE**) permet de sélectionner l'étendue des anciennes valeurs (l'intervalle de données), la seconde partie (**NEW VALUE**) permet de définir la nouvelle valeur correspondant au regroupement, alors que la dernière partie (**OLD –> NEW**) affiche les anciennes valeurs et leurs nouvelles correspondances.

Le premier regroupement contiendra tous les âges qui sont inférieurs à 21 ans. Pour définir ce regroupement, cliquez sur **RANGE (LOWEST THROUGH)**. Dans la case correspondant à ce choix, tapez la valeur **20** (car inférieure à 21). D'après notre tableau, ce regroupement correspond à la valeur 1 pour la nouvelle variable. Dans la case **NEW VALUE**, vis-à-vis de **VALUE** tapez le chiffre **1**. Cliquez ensuite sur le bouton **ADD** pour accepter cette première règle de regroupement.

Les quatre prochains regroupements se font de la même manière : il s'agit d'un regroupement entre deux valeurs. Pour le premier regroupement, il faut donner la valeur 2 à tous les répondants qui ont entre 21 et 30 ans. Pour définir ce regroupement entre deux valeurs, cliquez sur **RANGE (THROUGH)**. Dans la case de gauche, il faut saisir la valeur inférieure et dans celle de droite, il faut saisir la valeur supérieure. Tapez la valeur **21** dans la case de gauche et **30** dans la case de droite. Cette étendue correspond à la valeur 2. Dans la case **NEW VALUE**, vis-à-vis de **VALUE** tapez le chiffre **2**. Ensuite, cliquez sur le bouton **ADD** pour accepter cette nouvelle règle. Pour les trois prochaines étendues (31-40 ans, 41-50 ans, 51-60 ans), suivez exactement les étapes mentionnées ci-dessus.

Le dernier regroupement contient tous les âges qui sont supérieurs à 60 ans. Pour définir ce regroupement, cliquez sur **RANGE** (**THROUGH HIGHEST**). Dans la case correspondant à ce choix, tapez la valeur **61** (car supérieure à 60). D'après notre tableau, ce regroupement correspond à la valeur 6 pour la nouvelle variable. Dans la case **NEW VALUE**, vis-à-vis de **VALUE** tapez le chiffre **6**. Cliquez ensuite sur le bouton **ADD** pour accepter cette nouvelle règle.

Une fois toutes les règles définies, cliquez sur le bouton **CONTINUE** pour valider les données et pour revenir à la fenêtre précédente. Cliquez maintenant sur le bouton **OK** pour revenir à la fenêtre des données et lancer le calcul de la nouvelle variable (**grp_age**). À l'extrême droite de votre matrice de données (**DATA VIEW**), la nouvelle variable **grp_age** apparaît. Notez bien qu'il est très important d'allez ajouter la définition des catégories à l'aide du bouton **VALUE** de l'onglet **VARIABLE VIEW**. En effet, la procédure **RECODE** n'ajoute pas automatiquement le libellé associé aux valeurs.

2.7.2. Regroupement des valeurs de la variable salaire

Vous allez regrouper les données de la colonne **salaire** selon les catégories du tableau ci-dessous.

Catégories de salaires	Valeurs correspondantes
Inférieur ou égal à 15 000 $	1
Entre 15 001 $ et 20 000 $	2
Entre 20 001 $ et 25 000 $	3
Entre 25 001 $ et 30 000 $	4
Entre 30 001 $ et 40 000 $	5
Supérieur à 40 000 $	6

La nouvelle variable contiendra le regroupement des données de la variable **salaire**. Cette variable portera le nom **grp_slr**. Sa description est **Groupe des salaires**. Vous allez créer cette nouvelle variable avec les données du tableau illustré ci-dessus. Si vous éprouvez des difficultés à créer ce regroupement, reportez-vous à la section précédente, car la démarche est exactement la même. Lorsque vous entrerez dans la section de définition de la nouvelle variable, cliquez sur le bouton **RESET** afin de vider le contenu de l'ancienne variable. Vous devriez obtenir comme résultat final la fenêtre de regroupement suivante :

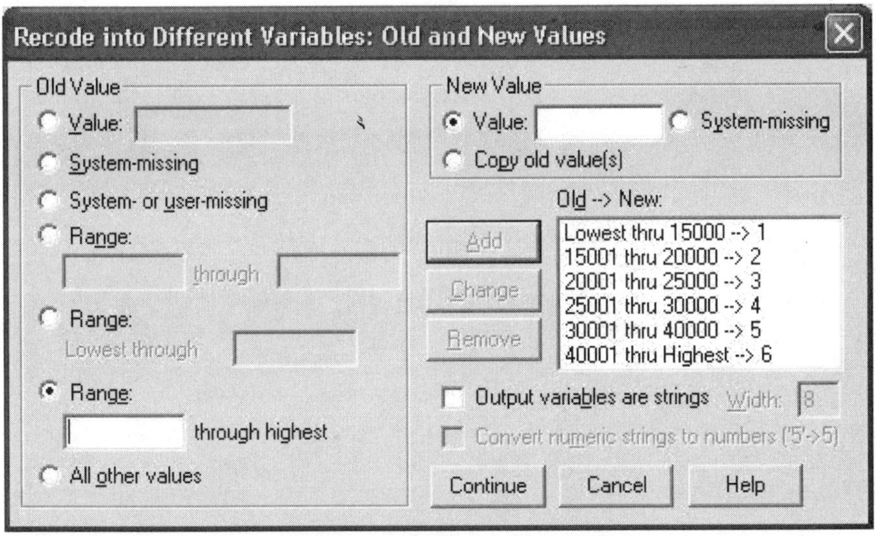

Fenêtre de définition des regroupements de la variable grp_slr

2.7.3. Regroupement des valeurs de la variable salaire avec Visual Bander

Avec la version 12.0 de SPSS, Visual Bander a été ajouté comme option à la barre de menu **TRANSFORM**. Visual Bander a été conçu pour aider à la transformation de variables continues en variables « catégoriques ».

Pour créer une variable ou plusieurs variables avec cette option, il faut d'abord cliquer sur cette option dans le menu **TRANSFORM**, puis choisir la variable que vous voulez utiliser et la déplacer avec la flèche dans la section **VARIABLE TO BAND** et cliquer sur le bouton **CONTINUE**. Vous obtiendrez un fenêtre similaire à celle ci-dessous (fenêtre de l'utilisation de **VISUAL BANDER**). Pour activer la zone qui apparaît en jaune, cliquez sur la variable **salaire** dans la partie gauche de la fenêtre sous la rubrique **SCANNED VARIABLE LIST**. Automatiquement SPSS génère un graphique avec des intervalles équidistants. Vous pouvez accepter cette proposition en cliquant tout simplement sur **OK**.

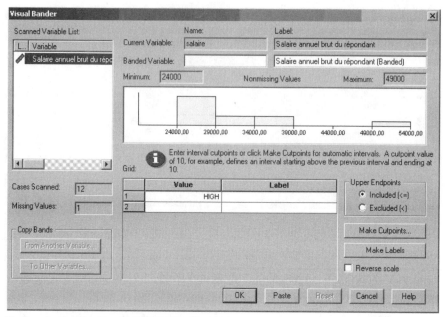

Fenêtre de l'utilisation de Visual Bander

Si vous voulez le disposer comme dans l'exemple du chapitre précédent, cliquez alors sur le bouton **MAKE CUTPOINTS**, vous obtiendrez alors la fenêtre ci-contre.

Dans cette nouvelle fenêtre, trois options différentes sont possibles. La première option est **EQUAL WIDTH INTERVALS**. La deuxième possibilité est **EQUAL PERCENTILES BASED ON SCANNED CASES** et la troisième possibilité est **CUTPOINTS AT MEAN AND SELECTED STANDARD DEVIATIONS BASED ON SCANNED CASES**. La première des trois options est cochée par défaut. Ce sera aussi l'exemple que nous privilégierons. Dans la première case à droite de **FIRST CUTPOINT LOCATION**, inscrivez **15000**. Dans la seconde case, inscrivez **5**. Ce chiffre correspond aux catégories moins une que vous aviez constituées avec la fonction **RECODE**. En inscrivant une valeur dans la troisième catégorie, SPSS vous indique alors la valeur **6800,00**. Cette valeur correspond à l'écart équidistant de la variable salaire avec 5 catégories et un seuil de départ de **15000**. Vous pouvez sauvegarder cette variable en cliquant sur **APPLY** et dans la fenêtre de **VISUAL BANDER** inscrire le nouveau nom de la variable dans l'espace indiqué **BANDED VARIABLE**. Ceci est donc une application de base de **BANDED VARIABLE**.

Pour faire une variable avec des catégories non équidistantes comme dans notre exemple du **RECODE**, refaites **MAKE CUTPOINT**, inscrivez **15000** au premier espacement, inscrivez **5** au deuxième espacement et en cliquant sur le troisième espacement, effacer le nombre **6800,00** et inscrivez **5000** puis cliquez sur **APPLY**. Dans la fenêtre **VISUAL BANDER**, vous voyez apparaître vos catégories et leurs points de césure sous la colonne identifiée **VALUE**. Les points de césure sont aussi visibles dans le graphique de l'histogramme, ils sont représentés par une barre bleue. Dans la cinquième catégorie sous **VALUE** changez la valeur **35000** par **40000** et cliquez sous **LABEL** si vous voulez identifier plus clairement votre changement. Ajoutez un nom de variable à l'espacement **BANDED VARIABLE** et vous avez une variable identique à la variable fait sous **RECODE**.

Fenêtre de l'opération Make Cutpoints dans Visual Bander

2.8. Impression des données

On peut imprimer les données des variables afin de vérifier leur
exactitude. Il est très simple d'imprimer la fenêtre de la feuille des données
(**DATA VIEW**). Lorsque cette fenêtre est active, cliquez sur le bouton
d'impression ou exécutez l'option **PRINT** du menu **FILE**.

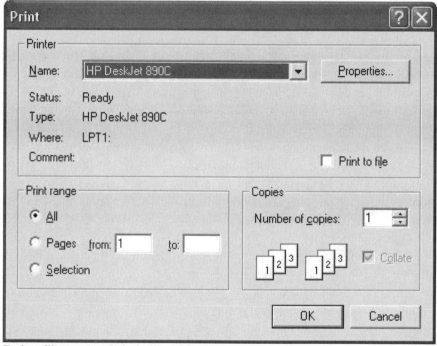

Fenêtre d'impression de la feuille de données

Il est possible d'imprimer toutes vos données ou seulement une partie.
En choisissant l'option **ALL**, toutes les données seront imprimées. En choisissant **SELECTION**, seules les données ayant été sélectionnées (encadrées
en noir dans la feuille de données) seront imprimées. Pour imprimer plusieurs exemplaires des données, cliquez dans la case **COPIES** et saisissez le
nombre d'exemplaires désirés. Si votre ordinateur dispose de plusieurs
imprimantes, cliquez sur la flèche située à droite de la case **NAME** et sélectionnez l'imprimante désirée. Pour lancer l'impression, cliquez sur le bouton
OK. Notez bien que les fenêtres, comme celle apparaissant avec **RECODE**
ne peuvent s'imprimer de cette façon.

3 Production des rapports et des statistiques

La plupart des statistiques produites par SPSS sont présentées sous forme de tableaux ou de graphiques. À des fins d'exemple seulement, quelques calculs statistiques seront présentés. Pour chacun d'eux, les principales possibilités offertes seront expliquées en détail. Notez aussi que les menus, les fenêtres ainsi que les options disponibles peuvent varier grandement selon la nature des calculs à effectuer. Il est donc important de bien comprendre le principe et la marche à suivre pour effectuer des calculs statistiques en utilisant SPSS. Les résultats proviennent de données fictives et ce guide ne vise aucunement à interpréter les résultats des analyses statistiques. Notez bien que tous les calculs statistiques de cette section sont effectués à partir du menu ANALYZE.

3.1. Distribution de fréquences

Le calcul des fréquences est généralement le point de départ de toute analyse de données statistiques. Dans la plupart des cas, il commence par un réarrangement de données, soit par ordre croissant ou décroissant ou par leur regroupement en catégories. On peut alors produire des rapports de fréquence des valeurs des variables à l'étude ou faire des graphiques pour faciliter leur visualisation. À partir de ce moment, on peut effectuer diverses analyses statistiques allant d'un simple comptage jusqu'aux mesures d'aplatissement ou de symétrie de la distribution en passant par le calcul de la moyenne, de l'écart-type ou de la médiane, etc.

À titre d'exemple, nous allons calculer les fréquences et les statistiques à partir des données que nous avons saisies au chapitre précédent.

Dans le menu **ANALYZE**, choisissez l'option **DESCRIPTIVE STATISTICS**, puis **FREQUENCIES** et assurez-vous d'avoir l'écran ci-dessous.

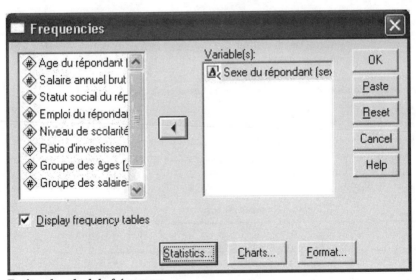

Fenêtre de calcul de fréquences

Sélectionnez une ou plusieurs variables dans la partie gauche de l'écran et cliquez ensuite sur la flèche pour les retenir comme variables à analyser. Dans notre exemple, nous avons choisi de calculer les fréquences pour chaque valeur possible de la variable **sexe** du répondant.

L'option **STATISTICS** vous permet, entre autres, de compter le nombre d'occurrences de chaque modalité de la variable sélectionnée ou d'obtenir la moyenne dans le cas d'une variable numérique (type scalaire).

Fenêtre de sélection des mesures de tendance centrale et de dispersion

Le nombre de tableaux obtenus sera égal au nombre des variables sélectionnées. Nous avons omis volontairement de produire d'autres statistiques, mais nous vous invitons à essayer cette option. En cliquant sur **OK** vous obtenez le tableau ci-après.

Sexe du répondant (sexe)

		Frequency	Percent	Valid Percent	Cumulative Percent
Valid	Femme	5	45,5	45,5	45,5
	Homme	6	54,5	54,5	100,0
	Total	11	100,0	100,0	

Tableau des fréquences des valeurs possibles de la variable sexe du répondant

L'option **CHARTS** vous permet de visualiser la distribution sous forme graphique pour une meilleure interprétation. Son choix vous conduit à l'écran qui suit.

Fenêtre de définition des graphiques de la distribution des fréquences

Choisissez le genre de graphique qui est conforme aux analyses que vous êtes en train d'effectuer (voir détails sur les graphiques au chapitre 5), puis cliquez sur **CONTINUE** et ensuite sur **OK** dans le menu suivant. Si vos choix sont les mêmes que ceux de l'écran ci-dessus, et si vous avez choisi la variable **sexe du répondant**, vous devriez obtenir le graphique à barres ci-contre.

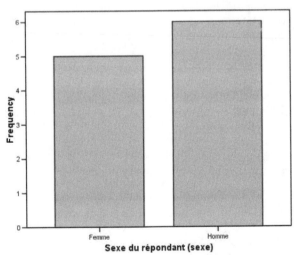

Distribution des fréquences du sexe des répondants

3.2. Autres statistiques descriptives

La commande **ANALYZE** vous permet de faire plusieurs autres calculs statistiques, dont une partie seulement sera décrite dans le texte qui suit.

3.2.1. Option Reports de la commande ANALYZE

Lorsque vous sélectionnez cette option vous obtenez un écran qui contient les sous-commandes suivantes.

```
OLAP Cubes...

Case Summaries...
Report Summaries in Rows...
Report Summaries in Columns...
```

Options de la sous-commande Reports

3.2.1.1. Choix de OLAP Cubes

OLAP (ONLINE ANALYTICAL PROCESSING) CUBES vous permet d'effectuer divers calculs statistiques : total, moyenne, médiane, minimum, étendue et autres statistiques univariées pour les variables continues agrégées dans des regroupements. Chaque variable faisant partie d'un regroupement constitue une dimension dans la représentation graphique des résultats. C'est l'équivalent d'un tableau croisé dynamique en Excel.

Pour obtenir les cubes OLAP :

1. Choisissez **OLAP CUBES** dans le sous-menu **REPORTS** et obtenez l'écran ci-après.

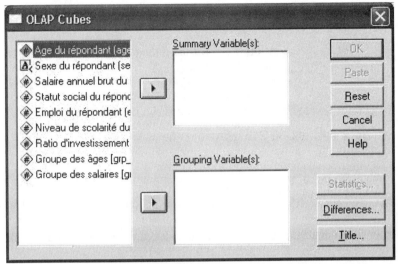

Options de la sous-commande Reports

2. Sélectionnez une ou plusieurs variables continues (scalaires) dont vous voulez faire l'agrégation et cliquez sur la flèche du haut pour les mettre dans **S**ummary **V**ariables.

3. Choisissez une des variables catégoriques de regroupement et mettez-la dans la partie **G**rouping **V**ariables.

De façon optionnelle, vous pouvez choisir les statistiques que vous voulez calculer dans l'option **S**tatistics ou changer le titre de la table des résultats avec l'option **T**itle.

Par exemple, on peut vouloir calculer la somme des ventes (variable continue) par région (variable catégorique) et par gamme de produits à l'intérieur de chaque région (deuxième niveau de regroupement à l'intérieur de la variable région).

3.2.1.2. Choix de l'option Case Summaries

Cette option de SPSS permet de calculer des statistiques agrégées sur des variables groupées en catégories. Les statistiques agrégées pour chaque variable et dans toutes les catégories de la variable, ainsi que toutes les valeurs correspondant à chaque observation de la catégorie concernée, sont également affichées.

Dans notre exemple, nous allons calculer le salaire moyen des répondants selon leur statut social et leur niveau de scolarité.

1. Choisissez l'option **CASE SUMMARIES** du sous-menu **REPORTS**.

2. Choisissez **salaire du répondant** comme variable sur laquelle s'effectuera l'agrégation (la moyenne dans ce cas-ci) et cliquez sur la première flèche dirigée vers la droite.

3. Choisissez les variables **statut social** et **niveau de scolarité** comme variables de regroupement et cliquez sur la deuxième flèche.

4. Cliquez sur l'option **STATISTICS** et choisissez **MEAN** pour calculer la moyenne.

Si vous voulez changer le titre de la table, cliquez sur l'option **OPTIONS** et inscrivez le titre de votre choix dans la partie réservée à cette fin.

Pour avoir la liste de tous les cas par catégorie (*grouping variable*), assurez-vous que l'option **DISPLAY CASES** est cochée. Après avoir fait tous vos choix vous devriez avoir un écran semblable à ce qui suit.

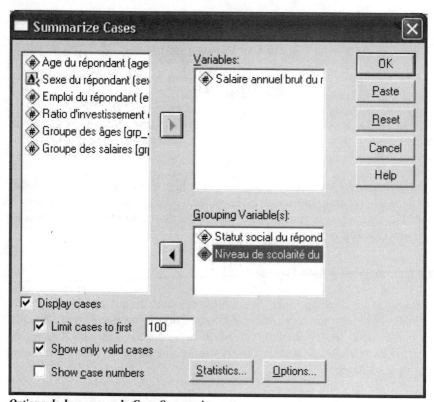

Options de la commande Case Summaries

Il ne vous reste qu'à cliquer sur **OK** pour afficher vos résultats, dont la partie qui nous intéresse le plus devrait ressembler au tableau suivant.

Case Summaries[a]

						Salaire annuel brut du répondant (salaire)
Statut social du répondant (statut)	Marié(e)	Niveau de scolarité du répondant (scolarit)	Secondaire	1		25000
				Total	N	1
					Mean	25000,00
			Collégial	1		26500
				2		37000
				Total	N	2
					Mean	31750,00
			Universitaire 1er cycle	1		29800
				Total	N	1
					Mean	29800,00
			Total	N		4
				Mean		29575,00
	Célibataire	Niveau de scolarité du répondant (scolarit)	Universitaire 1er cycle	1		27500
				Total	N	1
					Mean	27500,00
			Universitaire 2e cycle	1		34000
				2		29550
				Total	N	2
					Mean	31775,00
			Collégial	1		28000
				2		27500
				Total	N	2
					Mean	27750,00
			Total	N		5
				Mean		29310,00
	Divorcé(e)	Niveau de scolarité du répondant (scolarit)	Universitaire 3e cycle	1		49000
				Total	N	1
					Mean	49000,00
			Collégial	1		24000
				Total	N	1
					Mean	24000,00
			Total	N		2
				Mean		36500,00
	Total	N				11
		Mean				30713,64

a. Limited to first 100 cases.

Rapport de Case Summaries

3.2.1.3. Report : Summaries in Rows

Cette option vous permet de produire des rapports où les différentes statistiques d'agrégation sont affichées horizontalement. Les listes de cas sont également affichées avec ou sans statistiques d'agrégation. Le choix de cette option vous amène à l'écran suivant.

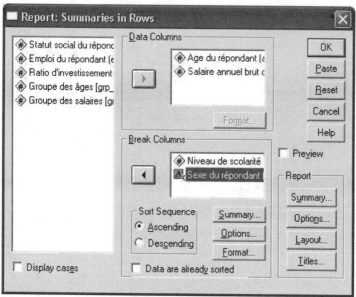

Option de la sous-commande Report : Summaries in Rows

Insérez dans la partie **DATA COLUMNS** les variables dont vous voulez calculer les statistiques (**age** et **salaire** moyen des répondants dans notre cas) et dans **BREAK COLUMNS** celles qui divisent le rapport en groupes (par niveau de scolarité et ensuite par sexe des répondants). Pour chaque variable que vous entrez dans cette partie, vous pouvez déterminer les différentes statistiques d'agrégation en choisissant l'option **SUMMARY** (pour cet exercice, il s'agit de la moyenne, du minimum, du maximum et du nombre d'occurrences). Vous pouvez aussi trier par ordre croissant ou décroissant des catégories des variables de regroupement (**SORT SEQUENCE**) ou changer les titres de colonnes et leur alignement (**FORMAT**). L'option **REPORT** vous permet de définir les statistiques qui seront affichées à la fin du rapport (**SUMMARY**), l'orientation du rapport, le titre et la pagination du rapport (**LAYOUT** et **TITLES**). Cochez sur l'option **DISPLAY CASES** si vous voulez afficher tous les cas dans chaque catégorie. Si le rapport comporte des variables de regroupement, ses données sont triées par ces mêmes variables, mais il serait avantageux de cocher l'option **DATA ARE ALREADY SORTED** si les données à l'intérieur des catégories sont déjà triées.

Dans notre exemple nous allons produire un rapport statistique qui affiche, par niveau de scolarité et par sexe du répondant (variables de regroupement ou *break columns*), la moyenne, le minimum, le maximum et le nombre de cas, l'âge et le salaire des répondants (*data columns* ou variables sur lesquelles se fait l'agrégation). En suivant les instructions données ci-dessus, vous devriez obtenir un rapport similaire à celui ci-dessous.

```
                                                      Page      1

                                                    Salaire
                                                 annuel brut
                           Sexe du       Age du         du
                           répondant   répondant   répondant
Niveau de scolarité du     répondant   répondant   répondant
répondant (scolarit)       (sexe)      (age)       (salaire)
_____  _____  _____  _____

Secondaire                 Homme           27         25000
                           Mean            27         25000
                           Minimum         27         25000
                           Maximum         27         25000
                           N                1             1

Collégial                  Femme           41         24000
                           Mean            41         24000
                           Minimum         41         24000
                           Maximum         41         24000
                           N                1             1

                           Homme           25         26500
                                           24         28000
                                           33         37000
                                           55         27500
                           Mean            34         29750
                           Minimum         24         26500
                           Maximum         55         37000
                           N                4             4

Universitaire 1er cycle    Femme           34         29800
                           Mean            34         29800
                           Minimum         34         29800
                           Maximum         34         29800
                           N                1             1

                           Homme           29         27500
                           Mean            29         27500
                           Minimum         29         27500
                           Maximum         29         27500
                           N                1             1

Universitaire 2e cycle     Femme           38         34000
                                           40         29550
                           Mean            39         31775
                           Minimum         38         29550
                           Maximum         40         34000
                           N                2             2

Universitaire 3e cycle     Femme           31         49000
                           Mean            31         49000
                           Minimum         31         49000
                           Maximum         31         49000
                           N                1             1
```

Output de la commande Report: Summaries in Rows

3.2.1.4. Report : Summaries in Columns

Cette option produit des rapports d'agrégation où les différentes statistiques apparaissent dans des colonnes séparées.

Comme cette option ressemble beaucoup à celle que nous venons de voir, nous allons expliquer seulement les différences qui ne sont pas apparentes pour vous. L'écran suivant montre les options de la commande après avoir choisi les variables **age** et **salaire** comme variables sur lesquelles se feront les calculs statistiques, et **niveau de scolarité** et **sexe** comme variables de regroupement.

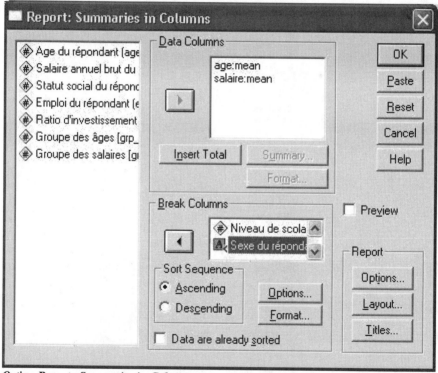

Option Report : Summaries in Columns

Dans **DATA COLUMNS** vous ne pouvez sélectionner plus d'une statistique, comme c'était le cas précédemment. Par exemple, en choisissant **SUMMARY** vous avez le choix d'une seule option (ici nous voulons calculer la moyenne des âges et des salaires des répondants par niveau de scolarité et par sexe). Notez que si vous avez deux ou plusieurs colonnes dont vous voulez calculer le total, vous pouvez le faire en utilisant l'option **INSERT**

TOTAL (une option qui ne figurait pas dans l'option **REPORT : SUMMARIES IN ROWS**). Le reste de l'écran s'explique comme précédemment.

Lorsque vous avez terminé, cliquez sur **OK** pour obtenir le rapport désiré qui ressemble au texte qui suit.

Niveau de scolarité du répondant (scolarit)	Sexe du répondant (sexe)	Age du répondant (age) Mean	Salaire annuel brut du répondant (salaire) Mean
Secondaire	Homme	27	25000
▶ Collégial	Femme	41	24000
	Homme	34	29750
Universitaire 1er cycle	Femme	34	29800
	Homme	29	27500
Universitaire 2e cycle	Femme	39	31775
Universitaire 3e cycle	Femme	31	49000

Note : La liste des cas par catégories est absente du rapport.

3.2.2. Statistiques descriptives

Cette option du menu **ANALYZE** vous permet d'effectuer d'autres statistiques descriptives en plus des fréquences dont nous avons déjà parlées plus haut. Ces statistiques peuvent être obtenues à partir des options figurant dans l'écran ci-dessous.

Frequencies...
Descriptives...
Explore...
Crosstabs...
Ratio...

Options de la commande Descriptive Statistics

3.2.2.1. Option Descriptives

L'option **DESCRIPTIVES** vous permet d'obtenir des statistiques agrégées univariées pour plusieurs variables de type numérique (ordinale ou scalaire) dans une seule table et de calculer des valeurs standardisées. Dans notre exemple, nous allons produire des statistiques sur les variables **age**, **salaire** et **ratio d'investissement** des répondants comme l'indique l'écran ci-dessous, obtenu par la commande **DESCRIPTIVE STATISTICS** du menu **ANALYZE** et l'option **DESCRIPTIVES**.

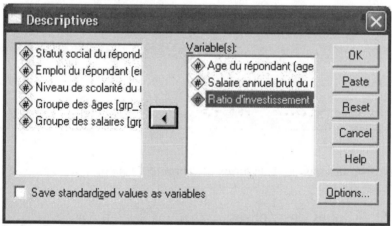

Fenêtre de calcul des statistiques descriptives

Après avoir choisi les variables pour lesquelles vous voulez calculer les statistiques, choisissez **OPTIONS** pour préciser les statistiques que vous voulez produire. Dans cet exemple nous allons calculer la moyenne, l'écart-type, le minimum et le maximum. Choisissez ces options en les cochant dans les cases appropriées, cliquez ensuite sur **CONTINUE**, puis sur **OK**. Vous obtenez ainsi un rapport semblable à celui-ci.

Descriptive Statistics

	N	Minimum	Maximum	Mean	Std. Deviation
Age du répondant (age)	11	24	55	34,27	8,979
Salaire annuel brut du répondant (salaire)	11	24000	49000	30713,64	7144,162
Ratio d'investissement du répondant (ratio)	11	2,8	6,5	5,173	1,2924
Valid N (listwise)	11				

Fenêtre de calcul des statistiques descriptives

3.2.2.2. Option Explore

Cette option produit des statistiques sous forme de tableaux ou sous forme de graphiques, que ce soit pour tous les cas observés ou pour des groupes séparés. Comme son nom l'indique, le but de cette option est de permettre l'exploration des données avant leur traitement statistique. Elle sert plus précisément à relever l'existence des données hors normes, ou celle des valeurs extrêmes, ou, encore, à vérifier certaines hypothèses faites sur les données. L'exploration de données peut aider à déterminer si les techniques statistiques qu'on veut utiliser pour une analyse en particulier sont appropriées. Par exemple, si la technique d'analyse utilisée demande que la distribution de données soit normale, l'exploration des données peut conduire à la transformation de ces données, afin de rendre celles-ci compatibles avec la technique en question.

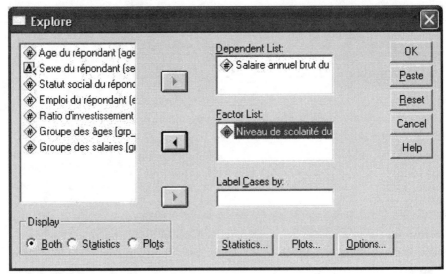

Fenêtre de dialogue Explore

Dans notre exemple nous voulons explorer les données sur les salaires en fonction du niveau de scolarité. Dans le menu **ANALYZE**, choisissez la commande **DESCRIPTIVE STATISTICS**, puis **EXPLORE**. Cliquez sur la variable **salaire du répondant** et ensuite sur la flèche du haut pour indiquer qu'il s'agit d'une variable dépendante (vous pouvez y mettre plus d'une variable dépendante). Sélectionnez ensuite la variable **niveau de scolarité** et cliquez sur la flèche du milieu pour indiquer que les salaires sont regroupés par niveau de scolarité. L'option **LABEL CASES BY** vous permet de donner un nom descriptif à chaque cas au lieu d'indiquer sa séquence dans les données. Au besoin, choisissez l'option **STATISTICS** pour sélectionner le type de statistiques désirées.

Chaque fois que vous effectuez une sélection avec l'un des trois boutons de l'écran ci-dessus (p. ex., **STATISTICS, PLOTS** et **OPTIONS**), cela ouvre une nouvelle fenêtre avec un choix plus spécifique d'options. Vous revenez à la fenêtre initiale en cliquant sur **CONTINUE** dans l'écran où vous vous trouvez (p. ex., à la fenêtre **STATISTICS** le bouton **CONTINUE** vous ramène à la fenêtre **EXPLORE**). Notez bien que pour beaucoup de procédures, SPSS sélectionne un certain nombre d'options par défaut. Généralement, les options déjà sélectionnées sont les commandes les plus usuelles. Ainsi, à la section statistique, le choix **DESCRIPTIVES WITH CONFIDENCE INTERVAL FOR MEAN 95%** est déjà coché. Il en va de même à la section **PLOTS**, les choix **BOXPLOTS FACTOR LEVELS TOGETHER** et **DESCRIPTIVE STEM-AND-LEAF** sont déjà cochés.

En cliquant simplement sur **OK** dans l'écran ci-dessus du menu **EXPLORE** sans choisir d'autres options, vous obtiendrez une sortie similaire à celle-ci.

Descriptives(a,b)

	Niveau de scolarité du répondant (scolarit)			Statistic	Std. Error
Salaire annuel brut du répondant (salaire)	Collégial	Mean		28600,000	2210,204
		95% Confidence Interval for Mean	Lower Bound	22463,49	
			Upper Bound	34736,51	
		5% Trimmed Mean		28388,89	
		Median		27500,00	
		Variance		24425000,000	
		Std. Deviation		4942,166	
		Minimum		24000	
		Maximum		37000	
		Range		13000	
		Interquartile Range		7250	
		Skewness		1,673	,913
		Kurtosis		3,414	2,000
	Universitaire 1er cycle	Mean		28650,00	1150,000
		95% Confidence Interval for Mean	Lower Bound	14037,86	
			Upper Bound	43262,14	
		5% Trimmed Mean		.	
		Median		28650,00	
		Variance		2645000,000	
		Std. Deviation		1626,346	
		Minimum		27500	
		Maximum		29800	
		Range		2300	
		Interquartile Range		.	
		Skewness		.	
		Kurtosis		.	
	Universitaire 2e cycle	Mean		31775,00	2225,000
		95% Confidence Interval for Mean	Lower Bound	3503,69	
			Upper Bound	60046,31	
		5% Trimmed Mean		.	
		Median		31775,00	
		Variance		9901250,000	
		Std. Deviation		3146,625	
		Minimum		29550	
		Maximum		34000	
		Range		4450	
		Interquartile Range		.	
		Skewness		.	
		Kurtosis		.	

a Salaire annuel brut du répondant (salaire) is constant when Niveau de scolarité du répondant(scolarit) = Secondaire. It has been omitted.
b Salaire annuel brut du répondant (salaire) is constant when Niveau de scolarité du répondant(scolarit) = Universitaire 3e cycle. It has been omitted.

Rapport de la commande Explore

3.2.2.3. Analyse des tableaux croisés « Crosstabs »

Un traitement souvent effectué par SPSS consiste à créer un tableau croisé en utilisant deux variables. Le tableau croisé affichera le résultat de la variable **emploi** par rapport à la variable **scolarit**. Cliquez sur le menu

ANALYZE, puis sur la commande **DESCRIPTIVE STATISTICS**. Ensuite, sélectionnez la sous-commande **CROSSTABS**. La fenêtre de définition suivante apparaît.

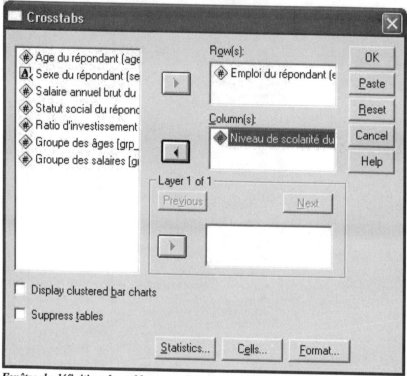

Fenêtre de définition des tableaux croisés

La première étape consiste à choisir la ou les variables qui seront disposées en lignes et en colonnes. Cliquez sur la variable **emploi** afin de la sélectionner. Les catégories de cette variable seront disposées en ligne. Cliquez sur la flèche qui pointe vers la droite. Ce bouton est à la gauche de la case **ROW(S)**. Faites la même chose pour la variable **scolarit**, mais cette fois dans la case **COLUMN(S)**. Une fois les variables sélectionnées, il vous est possible d'ajouter des statistiques supplémentaires aux tableaux croisés. Pour accéder à ces statistiques, cliquez sur le bouton **STATISTICS**.

Fenêtre de statistiques supplémentaires des tableaux croisés

Cette fenêtre affiche tous les calculs statistiques qui peuvent être ajoutés à un tableau croisé. Pour sélectionner un calcul particulier, il suffit simplement de cliquer dans le carré correspondant au calcul désiré. À titre d'exemple, activez le calcul des statistiques suivantes : **LAMBDA**, **GAMMA**, **CHI-SQUARE** et **KAPPA**. Pour fermer cette fenêtre, cliquez sur le bouton **CONTINUE**. Il est important de noter que, dans cet exemple utilisant des données fictives, les résultats obtenus par ces différents calculs statistiques ne seront pas interprétés.

Le bouton **CELLS** dans la fenêtre **CROSSTABS** ouvre une nouvelle fenêtre **CELL DISPLAY**. Celle-ci est divisée en trois sections et **COUNTS OBSERVED** dans la section **COUNTS** est déjà activé. Nous vous conseillons d'ajouter **ROW**, **COLUMN** et **TOTAL** dans la section **PERCENTAGES** et vous obtiendrez ainsi quatre informations pour chaque cellule du tableau croisé. La première information sera le nombre d'observations rencontrées. Par exemple, pour la cellule issue du croisement **Universitaire 1er cycle** et **emploi du répondant 1**, la valeur sera 2. La deuxième information obtenue sera le **ROW PERCENTAGES**. Dans le même cellule que celle de l'exemple précédent, la valeur sera de 66,6 % soit l'équivalent de 2 individus sur un total de 3 (valeur observée à la fin de la rangée). La troisième valeur sera le **COLUMN PERCENTAGES**. Il s'agit du ratio de pourcentages de la cellule par colonnes. En reprenant toujours le même exemple, la valeur sera 100 %, soit l'équivalent de 2 observations sur un total de 2. La dernière valeur sera le **TOTAL PERCENTAGES**. Ce pourcentage est le ratio d'observations de la cellule par rapport au nombre total d'observations. La valeur en pourcentage dans l'exemple sera de 18,18 % soit 2 observations sur une possibilité de 11.

Les autres options disponibles dans **CELLS** sont utilisées beaucoup plus rarement. Rappelons que les tableaux croisés sont des statistiques basées sur les proportions et que, par exemple, le bouton **CELLS EXPECTED** correspond aux valeurs prédites.

De retour à la fenêtre de définition des tableaux croisés, cliquez sur le bouton **OK** afin de lancer l'exécution du tableau croisé. Les résultats apparaissent dans une nouvelle fenêtre nommée **SPSS FOR WINDOWS VIEWER**. Voyez ci-dessous ce qui devrait maintenant être affiché à votre écran.

Tableau croisé Emploi du répondant * Niveau de scolarité du répondant

		Niveau de scolarité du répondant					Total
		Secondaire	Collégial	Université 1er cycle	Université 2ième cycle	Université 3ième cycle	
Col blanc	Effectif	0	1	2	0	0	3
	% dans Emploi du répondant	.0%	33.3%	66.7%	.0%	.0%	100.0%
	% dans Niveau de scolarité du répondant	.0%	20.0%	100.0%	.0%	.0%	27.3%
Col bleu	Effectif	1	2	0	1	0	4
	% dans Emploi du répondant	25.0%	50.0%	.0%	25.0%	.0%	100.0%
	% dans Niveau de scolarité du répondant	100.0%	40.0%	.0%	50.0%	.0%	36.4%
Autre	Effectif	0	2	0	1	1	4
	% dans Emploi du répondant	.0%	50.0%	.0%	25.0%	25.0%	100.0%
	% dans Niveau de scolarité du répondant	.0%	40.0%	.0%	50.0%	100.0%	36.4%
Total	Effectif	1	5	2	2	1	11
	% dans Emploi du répondant	9.1%	45.5%	18.2%	18.2%	9.1%	100.0%
	% dans Niveau de scolarité du répondant	100.0%	100.0%	100.0%	100.0%	100.0%	100.0%

Résultat du tableau croisé

Les résultats ne sont pas très évidents si cette nouvelle fenêtre n'est pas à la pleine page de l'écran. Cependant, en agrandissant la fenêtre au maximum, la vue d'ensemble des résultats est beaucoup plus appréciable. Si les résultats ne peuvent être affichés dans une seule et même fenêtre, utilisez la barre de défilement à la droite et en bas de la fenêtre pour vous déplacer.

La fenêtre des résultats **OUTPUT-SPSS VIEWER** se divise en deux sections. La partie de gauche est un sommaire des requêtes réparties sous forme de diagramme. Le premier niveau est la fenêtre, le deuxième niveau est la requête choisie (dans ce cas-ci, **CROSSTABS**) et le troisième niveau contient les options et les statistiques de la requête. Toutes les requêtes d'analyse statistique s'ajoutent à la suite dans cette fenêtre. Vous avez ainsi un historique avec votre diagramme et si vous cliquez sur le signe moins devant le symbole de diagramme jaune, le niveau inférieur disparaît et un signe plus remplace le signe moins Vous pouvez ainsi mieux gérer votre historique. En cliquant sur le signe plus, devant le diagramme jaune, le niveau inférieur réapparaît.

Vous pouvez aussi vous déplacer plus facilement dans cet écran en cliquant tout simplement sur les titres dans la fenêtre du sommaire. Cette opération a pour effet de positionner exactement le travail dans la fenêtre résultat

3.3. Calcul d'une moyenne conditionnée par plusieurs variables

Une autre requête consiste à calculer la moyenne d'une variable en fonction de une ou de plusieurs variables et d'y ajouter des statistiques associées à cette moyenne. La moyenne sera réalisée sur le salaire par rapport aux types d'emploi et au sexe de la personne qui occupe l'emploi. Les variables utilisées sont le **salaire**, l'**emploi** et le **sexe**. Cliquez sur le menu **ANALYZE**, puis cliquez sur la commande **COMPARE MEANS**. Ensuite, sélectionnez la sous-commande **MEANS**. La fenêtre de définition de la page 58 apparaît alors.

Étant donné que le calcul de la moyenne se fait sur le salaire du répondant, cliquez sur cette dernière variable et déplacez-la dans la case **DEPENDENT LIST**. La première variable indépendante est le **sexe** du répondant ; déplacez alors cette variable dans la case **INDEPENDENT LIST**. Pour que les résultats soient regroupés aussi pour chaque combinaison de deux variables indépendantes, il est nécessaire d'utiliser la case **LAYER**. Pour faire cette opération, cliquez sur le bouton **NEXT** ; par la suite, déplacez la seconde variable, c'est-à-dire celle de l'emploi, dans la case **INDEPENDENT LIST**. Une fois que les variables sont définies aux bons endroits, cliquez sur le bouton **OPTIONS** pour accéder aux caractéristiques du calcul de la moyenne.

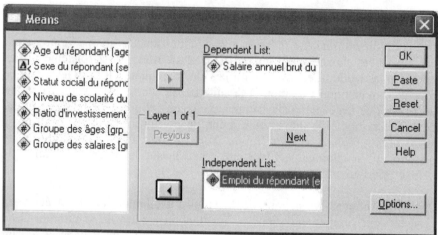

Fenêtre de définition de la moyenne

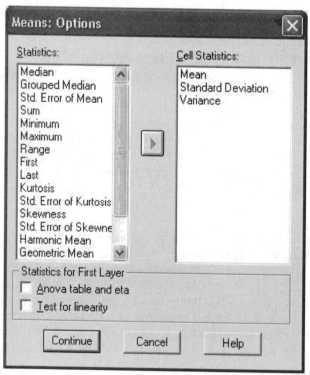

Fenêtre des statistiques supplémentaires du calcul de la moyenne

Comme dans les exemples précédents, il vous est possible d'ajouter de nouveaux calculs ou d'en supprimer d'autres. Les calculs sélectionnés sont ceux qui apparaissent dans la case **CELL STATISTICS** à droite de la boîte de dialogue. Pour notre exemple, assurez-vous de sélectionner les options **MEAN, STANDARD DEVIATION** et **VARIANCE**. Cliquez sur le bouton **CONTINUE** pour revenir à la fenêtre précédente. Cliquez enfin sur le bouton **OK** pour lancer l'exécution des calculs sélectionnés. Vous obtenez alors des résultats comme ceux de la figure ci-après.

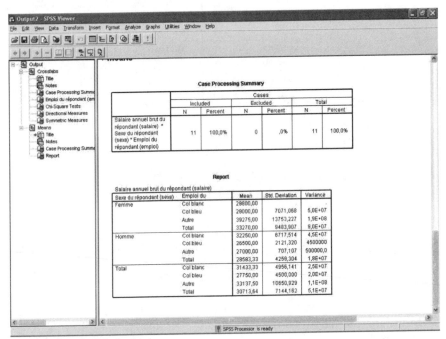

Résultat du calcul de la moyenne

Pour pouvoir consulter tout le rapport, vous pouvez le faire défiler à l'aide de la souris, en pointant sur la barre de défilement située sur le côté droit ou en cliquant sur le titre dans le sommaire. Vous pouvez comparer vos résultats avec ceux qui apparaissent dans la partie **REPORT** reproduite ci-après.

Report

Salaire annuel brut du répondant (salaire)

Sexe du répondant (sexe)	Emploi du	Mean	Std. Deviation	Variance
Femme	Col blanc	29800,00	.	.
	Col bleu	29000,00	7071,068	5,0E+07
	Autre	39275,00	13753,227	1,9E+08
	Total	33270,00	9483,907	9,0E+07
Homme	Col blanc	32250,00	6717,514	4,5E+07
	Col bleu	26500,00	2121,320	4500000
	Autre	27000,00	707,107	500000,0
	Total	28583,33	4259,304	1,8E+07
Total	Col blanc	31433,33	4956,141	2,5E+07
	Col bleu	27750,00	4500,000	2,0E+07
	Autre	33137,50	10650,929	1,1E+08
	Total	30713,64	7144,162	5,1E+07

3.4. Enregistrement des résultats des calculs statistiques

Une fois tous les calculs statistiques réalisés, il est indiqué de les enregistrer afin de pouvoir les consulter de nouveau. Le fichier de résultat qui est créé par SPSS pour Windows est un fichier en format spécialisé avec l'extension **.SPO** ; il n'est compatible qu'avec le logiciel SPSS.

Pour enregistrer les résultats dans SPSS, la fenêtre **OUTPUT** doit être active c'est-à-dire qu'il faut que ce soit la fenêtre sélectionnée. Ensuite, vous cliquez sur le bouton permettant d'enregistrer les résultats ou vous exécutez l'option **SAVE AS** du menu **FILE**. Il ne vous reste qu'à sélectionner le bon lecteur ainsi que le bon répertoire. Cela fait, dans la case **NOM** vous saisissez le nom que vous désirez donner à votre fichier. À titre d'exemple, donnez le nom de **SORTIE**. Pour lancer l'enregistrement du fichier, cliquez sur le bouton **ENREGISTRER**. Le logiciel générera automatiquement l'extension et vous obtiendrez le fichier **SORTIE.SPO**.

Pour que les résultats soient compatibles avec d'autres logiciels, il faudra utiliser la commande **EXPORT**. Pour ce faire, sélectionnez la fenêtre des résultats pour qu'elle soit la fenêtre active, cliquez ensuite sur **FILE** dans la barre des menus, puis sur **EXPORT**. Une petite fenêtre intitulée **EXPORT OUTPUT** apparaît. Dans cette fenêtre vous avez quatre types de formats d'exportation au menu **FILE TYPE**. Les quatre types de format sont : **.HTM**, pour le HTML ou le format WEB, **.TXT** pour le format ASCII, c'est-à-dire un format qui peut être récupéré peu importe le logiciel de traitement de texte utilisé (Wordperfect par exemple), **.XLS** pour le format Excel et **.DOC**, pour Word/RTF (**RTF** signifie Rich text format). Ce format a l'avantage de sauvegarder plus d'information que le format **.TXT**. Dans ce format, en plus de sauvegarder vos données, vous pouvez garder les caractères accentués, les soulignements, les polices de caractères gras et les formats tableaux qui sont très utilisés maintenant dans SPSS

Cliquez sur **OK** puis ouvrez un logiciel de traitement de texte et le fichier pourra alors être modifié. Par exemple, vous pouvez supprimer les statistiques inutiles, supprimer ou ajouter des titres afin d'améliorer la compréhension et l'interprétation des résultats.

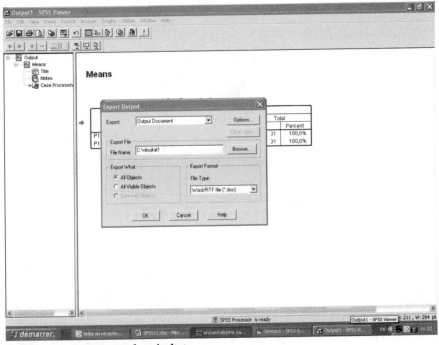

Fenêtre d'enregistrement des résultats

3.5. Impression des résultats des calculs statistiques

Les résultats de la fenêtre des résultats peuvent être imprimés afin d'en vérifier l'exactitude ou pour ajouter à un rapport écrit. Il vous est possible d'imprimer uniquement la fenêtre des résultats. Lorsque cette fenêtre est active, cliquez sur le bouton d'impression ou exécutez l'option **PRINT** du menu **FILE**.

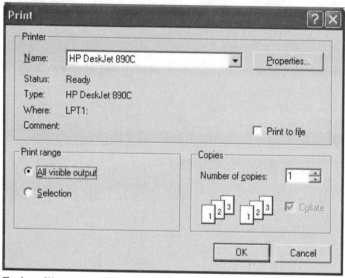

Fenêtre d'impression des résultats

Vous pouvez ainsi imprimer tous les résultats ou seulement une partie. Dans la fenêtre des résultats, si vous cliquez sur **OUTPUT** dans le sommaire, vous activez le choix de tout sélectionner. Vous remarquerez que le sommaire est en surbrillance et chaque élément dans la fenêtre résultat apparaît dans un encadré. Alors, lorsque l'option **ALL VISIBLE OUTPUT** de l'opération **PRINT** est activée, vous imprimez tous les résultats. Notez bien que si rien de particulier n'est sélectionné, le logiciel interprétera cela comme une sélection complète. Par contre, en choisissant l'option **SELECTION**, vous imprimez seulement les éléments qui ont été sélectionnés (encadrés en noir ou en gras dans la feuille des résultats). Pour imprimer plusieurs exemplaires des résultats, cliquez dans la case **COPIES** et saisissez le nombre d'exemplaires voulus. Si votre ordinateur est relié à plusieurs imprimantes, cliquez sur la flèche de la case **NOM** pour sélectionner l'imprimante utilisée. Pour lancer l'impression, cliquez sur le bouton **OK**.

3.6. Modification des rapports

Vous pouvez apporter quelques modifications au format et au contenu des tableaux des résultats de calculs statistiques, ou encore aux graphiques. Par exemple, réduisez la taille de la colonne **MEAN** (moyenne) dans le rapport du calcul de la moyenne obtenu plus haut jusqu'à ce que certains montants ne soient plus visibles. Pour ce faire, pointez la souris dans la partie du rapport que vous voulez modifier (dans notre exemple, c'est celle contenant les moyennes des salaires) et double-cliquez. Vous allez activer le mode édition. Celui-ci vous permettra, par un simple clic dans la colonne **MEAN**, de changer le contenu de celle-ci ou de réduire ou agrandir sa taille. Pour réduire la taille de cette colonne, glissez le pointeur de la souris sur l'une des lignes verticales autour des chiffres et amenez-la vers l'intérieur. Notez que le pointeur de la souris a changé de forme pour vous permettre d'agrandir ou de réduire la colonne. Vous obtiendrez alors un tableau semblable au suivant :

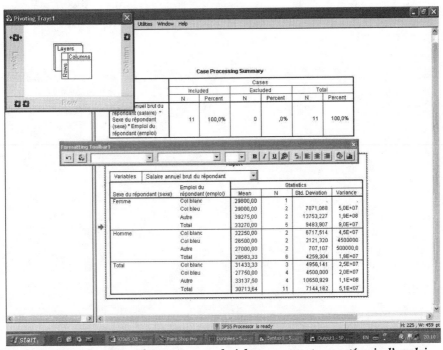

Mode d'édition du rapport des moyennes salariales par sexe et par catégorie d'emploi

Vous remarquerez que dans le mode **ÉDITION**, seule la partie de tableau que vous avez sélectionnée est modifiable. De plus dans ce mode, la barre de menu du haut a légèrement changé. L'option **PIVOT** a été ajoutée et les sous-menus dans les menus **VIEW, INSERT** et **FORMAT** ont changé. Dans ce manuel, nous n'expliquerons pas toutes ces possibilités d'édition de tableau, nous nous limitons à quelques exemples.

Ainsi, dans le menu **FORMAT**, le sous menu se compose maintenant des options suivantes: **CELL PROPERTIES, TABLE PROPERTIES, TABLE- LOOKS, FONT, FOOTNOTE MARKER, SET DATA CELL WIDTHS, AUTO- FITS, RENUMBER FOOTNOTES, ROTATE INNER COLUMNS LABELS**, etc. Le **TABLELOOKS** est probablement l'option la plus spectaculaire en ce sens que vous pouvez changer très rapidement complètement l'apparence de vos tableaux. En cliquant sur l'option **TABLELOOKS**, une fenêtre vous propose une série de modèles de tableaux prédéfinis. Dans le cas ci-dessous, il s'agit du modèle Pastel soit un choix parmi plus de 50 modèles prédéfinis. Si cela ne suffit pas, vous pouvez même faire vos propres modèles en choisissant le troisième bouton en bas de la page soit l'option **EDIT LOOK**. Cela vous amènera vers une nouvelle fenêtre et à peu près tout votre tableau sera alors paramétrable.

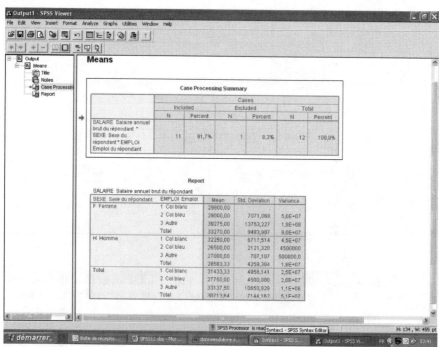

Mode d'édition de rapport

L'option **ROTATE INNER COLUMN LABELS** permet de transposer les libellés du tableau de façon horizontale. L'option **AUTOFIT** permet d'ajuster, par exemple, un tableau plus large que l'écran à un format plus petit afin de visualiser l'ensemble du tableau.

Une autre façon de modifier vos rapports consiste à cliquer sur la partie du rapport que vous voulez éditer, à enfoncer le bouton droit de la souris, et à choisir l'option **SPSS PIVOT TABLE OBJECT**, puis **OPEN**.

Notez bien qu'il est aussi possible d'utiliser un autre mode d'édition pour vos résultats. La fenêtre **OUTPUT** a son propre mode d'édition ainsi les options de la commande **INSERT** vous permettent d'apporter d'autres modifications : le changement du titre du rapport par exemple ou encore un ajout de commentaire ou d'interprétation des résultats. La commande **FORMAT** vous permet, entre autres choses, de modifier le format d'affichage du contenu des cellules du tableau.

3.7. Transfert des rapports dans un document (Word) de traitement de texte

On peut aussi incorporer les résultats des calculs statistiques ou des graphiques dans un document de traitement de texte de type Word, Wordperfect, ou dans tout autre type de document de traitement de texte.

Les exemples qui suivent concernent l'incorporation des rapports SPSS 12.0 pour Windows dans un document créé avec Word. Les commandes nécessaires pour le transfert peuvent être obtenues en cliquant d'abord sur la partie du rapport que l'on désire transférer puis, en enfonçant le bouton droit de la souris. Ces commandes sont listées ci-dessous.

```
What's This?

Cut
Copy
Copy objects
Paste After

Create/Edit Autoscript
Export...

Results Coach
Case Studies

SPSS Pivot Table Object  ▶
```

Commande de transfert de rapport dans d'autres programmes

Ces commandes sont aussi accessibles via le menu **FILE** ou **EDIT** du haut de la fenêtre **OUTPUT**.

Nous verrons ici spécifiquement les commandes **EXPORT**, **COPY** et **COPY OBJECTS**. Nous vous laissons le soin d'essayer les autres commandes si vous le désirez.

Vous pouvez également sauvegarder intégralement un document en Word qui a été généré par SPSS. Pour ce faire vous devez utiliser la commande **EXPORT**.

3.7.1. **EXPORT**

Le choix de cette option vous conduit à l'écran qui apparaît à la page suivante.

À partir du rapport, ce logiciel vous permet d'exporter une section ou l'intégralité du rapport (**OUTPUT**) vers un nouveau document qui sera formaté selon le type de format choisi. Quatre types de format sont disponibles, soit : **.HTM** pour des fichiers de type Internet HTML ; **.TXT** pour des fichiers de type texte non formatté ; **.XLS** pour des fichiers de type Excel ; et **Word/RTF** pour des fichiers de type texte formatés en intégrant le standard RTF. Pour ce faire, après avoir choisi **EXPORT** et obtenu la fenêtre ci-dessous, vous pouvez sélectionner certains paramètres. Ainsi vous devez choisir, dans la partie supérieure de l'écran, si vous voulez exporter un graphique, un rapport sans graphique ou un rapport avec ses graphiques. Dans la partie au milieu de l'écran, vous indiquez le nom du fichier destination ainsi que son emplacement. Vous devez aussi préciser si vous voulez exporter tous les objets du rapport, les objets visibles ou ceux que vous allez sélectionner vous-même. Dans la partie **FILE TYPE**, vous indiquez le type de fichier désiré parmi **.HTML**, **.TXT**, **.XLS** et **WORD/RTF**.

Options de Export Output

L'étape suivante consistera à choisir parmi les commandes d'édition de Word celles qui répondent à vos besoins. Dans cet exemple, nous utiliserons les commandes **COLLER**, **COLLAGE SPÉCIAL**... auxquelles on accède par la commande **EDITION** du menu des commandes Word. Nous allons ainsi combiner les commandes, comme le montre le tableau ci-après.

Commandes SPSS 12.0 pour Windows	Commandes Word	
Copy	*Coller*	
	Collage spécial	1. Texte mis en forme
		2. Texte sans mise en forme
		3. Texte en image
Copy Objet	*Coller*	
Export		

3.7.2. COPY/COLLER

L'application de cette commande au rapport de comparaison des moyennes vu plus haut, suivie de la commande **COLLER** de Word, produit le tableau ci-après.

Report¶

¶
Variables: Salaire annuel brut du répondant (salaire) ¶

Sexe du répondant (sexe)¶	Emploi du répondant (emploi)¶	Statistics¤			
¤	¤	Mean¤	N¤	Std. Deviation¤	Variance¤
Femme¤	Col blanc¤	29800,00¤	1¤	.¤	.¤
¤	Col bleu¤	29000,00¤	2¤	7071,068¤	50000000,000¤
¤	Autre¤	39275,00¤	2¤	13753,227¤	189151250,000¤
¤	Total¤	33270,00¤	5¤	9483,907¤	89944500,000¤
Homme¤	Col blanc¤	32250,00¤	2¤	6717,514¤	45125000,000¤
¤	Col bleu¤	26500,00¤	2¤	2121,320¤	4500000,000¤
¤	Autre¤	27000,00¤	2¤	707,107¤	500000,000¤
¤	Total¤	28583,33¤	6¤	4259,304¤	18141666,667¤
Total¤	Col blanc¤	31433,33¤	3¤	4956,141¤	24563333,333¤
¤	Col bleu¤	27750,00¤	4¤	4500,000¤	20250000,000¤
¤	Autre¤	33137,50¤	4¤	10650,929¤	113442291,667¤
¤	Total¤	30713,64¤	11¤	7144,162¤	51039045,455¤

Résultats des commandes Copy de SPSS 121.0 et Coller de Word
Les marques de paragraphe sont ajoutées par Word lorsque cette option est activée.

Visualisez ce tableau dans Word et remarquez qu'il a conservé les bordures qu'il avait dans SPSS 12.0 tout en gardant les fonctions de mise en forme, comme la possibilité d'élargir les colonnes. Vous pouvez manipuler les bordures comme vous le feriez dans un tableau Word. Nous vous invitons à faire un essai pour vous en convaincre.

En suivant cet exemple pour les autres commandes, vous obtenez les tableaux des sections allant jusqu'à 3.7.5.

3.7.3. COPY/COLLAGE SPÉCIAL/Texte mis en forme

Toujours dans notre exemple de calcul des moyennes conditionnées par plusieurs variables, le tableau suivant est le résultat des commandes **COPY** de SPSS 12.0 et **COLLAGE SPÉCIAL** de Word/**TEXTE MIS EN FORME (RTF)**.

Report¶

¶
Variables: Salaire annuel brut du répondant (salaire) ¶

Sexe du répondant (sexe)¶ ¤	Emploi du répondant (emploi)¶ ¤	Statistics¤			
		Mean¤	N¤	Std. Deviation¤	Variance¤
Femme¤	Col blanc¤	29800,00¤	1¤	¤	¤
¤	Col bleu¤	29000,00¤	2¤	7071,068¤	50000000,000¤
¤	Autre¤	39275,00¤	2¤	13753,227¤	189151250,000¤
¤	Total¤	33270,00¤	5¤	9483,907¤	89944500,000¤
Homme¤	Col blanc¤	32250,00¤	2¤	6717,514¤	45125000,000¤
¤	Col bleu¤	26500,00¤	2¤	2121,320¤	4500000,000¤
¤	Autre¤	27000,00¤	2¤	707,107¤	500000,000¤
¤	Total¤	28583,33¤	6¤	4259,304¤	18141666,667¤
Total¤	Col blanc¤	31433,33¤	3¤	4956,141¤	24563333,333¤
¤	Col bleu¤	27750,00¤	4¤	4500,000¤	20250000,000¤
¤	Autre¤	33137,50¤	4¤	10650,929¤	113442291,667¤
¤	Total¤	30713,64¤	11¤	7144,162¤	51039045,455¤

Copy de SPSS 12.0 et Collage spécial de Word/Texte mis en forme (RTF)

Comme dans le cas du collage simple, le tableau garde toutes ses polices et formats. On peut manipuler le tableau comme on le fait normalement dans Word.

3.7.4. COPY/COLLAGE SPÉCIAL/Texte sans mise en forme

```
Report¶
Variables: Salaire annuel brut du répondant (salaire) ¶
Sexe du répondant (sexe)      Emploi du répondant (emploi)        Statistics
            ¶
            Mean  N    Std. Deviation Variance¶
FemmeCol blanc   29800,00    1        .       ¶
      Col bleu   29000,00    2    7071,068    50000000,000¶
      Autre 39275,00    2    13753,227    189151250,000¶
      Total 33270,00    5    9483,907    89944500,000¶
Homme      Col blanc    32250,00    2    6717,514    45125000,000¶
      Col bleu   26500,00    2    2121,320    4500000,000¶
      Autre 27000,00    2    707,107    500000,000¶
      Total 28583,33    6    4259,304    18141666,667¶
Total Col blanc    31433,33    3    4956,141    24563333,333¶
      Col bleu   27750,00    4    4500,000    20250000,000¶
      Autre 33137,50    4    10650,929    113442291,667¶
      Total 30713,64    11    7144,162    51039045,455¶
```

Note: Le rapport est devenu un texte sans mise en forme.

3.7.5. COPY/COLLAGE SPÉCIAL/Texte en image

Le tableau est une image de sa contrepartie en SPSS 12.0. Le résultat est comme celui obtenu par **COPY OBJECTS/COLLER** (voir **section 3.7.6.** ci-après).

Report

Variables: Salaire annuel brut du répondant (salaire)

Sexe du répondant (sexe)	Emploi du répondant (emploi)	Statistics			
		Mean	N	Std. Deviation	Variance
Femme	Col blanc	29800,00	1	.	.
	Col bleu	29000,00	2	7071,068	5,0E+07
	Autre	39275,00	2	13753,227	1,9E+08
	Total	33270,00	5	9483,907	9,0E+07
Homme	Col blanc	32250,00	2	6717,514	4,5E+07
	Col bleu	26500,00	2	2121,320	4500000
	Autre	27000,00	2	707,107	500000,0
	Total	28583,33	6	4259,304	1,8E+07
Total	Col blanc	31433,33	3	4956,141	2,5E+07
	Col bleu	27750,00	4	4500,000	2,0E+07
	Autre	33137,50	4	10650,929	1,1E+08
	Total	30713,64	11	7144,162	5,1E+07

Copy de SPSS 12.0 et Collage spécial de Word/Texte en image

3.7.6. COPY OBJECTS/COLLER

Report

Variables: Salaire annuel brut du répondant (salaire)

Sexe du répondant (sexe)	Emploi du répondant (emploi)	Statistics			
		Mean	N	Std. Deviation	Variance
Femme	Col blanc	29800,00	1	.	.
	Col bleu	29000,00	2	7071,068	5,0E+07
	Autre	39275,00	2	13753,227	1,9E+08
	Total	33270,00	5	9483,907	9,0E+07
Homme	Col blanc	32250,00	2	6717,514	4,5E+07
	Col bleu	26500,00	2	2121,320	4500000
	Autre	27000,00	2	707,107	500000,0
	Total	28583,33	6	4259,304	1,8E+07
Total	Col blanc	31433,33	3	4956,141	2,5E+07
	Col bleu	27750,00	4	4500,000	2,0E+07
	Autre	33137,50	4	10650,929	1,1E+08
	Total	30713,64	11	7144,162	5,1E+07

Résultats des commandes Copy objects de SPSS 12.0 et Coller de Word

Comme vous le constatez, ce tableau produit par SPSS 12.0. devient une image dans Word.

Les opérations dans Word se limitent alors aux modifications de taille et au positionnement dans le document, tout comme on manipule d'autres images. Il est donc impossible de changer un mot, une police de caractère, etc. Même si vous pouvez utiliser cette méthode pour inclure un tableau SPSS dans Word, cette méthode a surtout été conçue pour inclure les graphiques de SPSS. D'ailleurs, si vous n'intégrez qu'un graphique issu de SPSS dans un document Word, c'est cette méthode qui est recommandée.

4 Statistiques sous forme de graphiques

Avec la version Windows de SPSS, il vous est possible de créer des graphiques sous plusieurs formes. Dans ce guide, les graphiques en forme de colonnes (histogrammes), en lignes et en pointes de tarte seront expliqués. Ils sont très simples à créer et à personnaliser. Notez que les graphiques présentés résultent de données fictives et que ce guide ne vise pas à faire l'interprétation des graphiques. Tous les graphiques présentés dans cette section sont construits à partir du menu GRAPHS. Lorsqu'un graphique est créé, celui-ci est généré dans la fenêtre SPSS OUTPUT NAVIGATOR. C'est dans cette fenêtre que tous les graphiques et analyses statistiques créés sont stockés.

4.1. Création d'un graphique en forme de colonnes (histogramme)

Le premier graphique, un histogramme, présentera la scolarité des répondants. Sur l'axe «**X**», les différents niveaux de scolarité seront affichés, tandis que sur l'axe «**Y**» c'est le nombre de répondants qui sera affiché. Pour créer ce graphique, exécutez l'option **BAR** du menu **GRAPHS**.

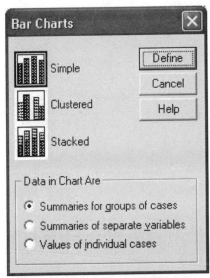

Fenêtre de création d'un histogramme

Cette fenêtre se divise en deux parties. La partie du haut permet de choisir le type d'histogramme, tandis que la partie du bas permet de sélectionner le type de regroupement d'observations ou de variables. En fonction du type de regroupement, la fenêtre de création du graphique varie quelque peu. Cliquez sur le type de graphique **SIMPLE**. Le type de regroupement des données est correct (**SUMMARIES FOR GROUPS OF CASES**). Pour passer à la définition du graphique, cliquez sur le bouton **DEFINE**.

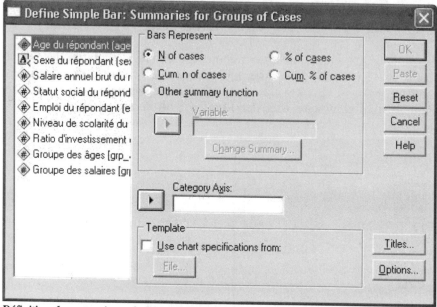

Définition des paramètres de l'histogramme

La fenêtre se divise en quatre grandes sections. La première section, à la gauche de la fenêtre, contient les variables disponibles. La deuxième section, dans le haut de la fenêtre, permet de définir la représentation des barres de l'histogramme. La troisième section, au centre de la fenêtre, permet de sélectionner la variable qui sera représentée sur l'axe « **X** ». Finalement, la quatrième section, la partie au bas de la fenêtre, permet de définir des formats particuliers pour le graphique. Cette dernière section est très peu utilisée.

Dans le coin inférieur droit, il y a deux boutons ; le premier, **TITLES**, permet de donner différents titres aux graphiques et aux axes. Le second, **OPTIONS**, permet de modifier certaines options reliées aux **MISSING VALUES**.

La première étape consiste à sélectionner la variable pour laquelle le graphique sera effectué soit **scolarit**, la scolarité. Cliquez sur cette variable afin de la sélectionner, puis sur la flèche pointant vers la droite de la case **CATEGORY AXIS**. Étant donné que le graphique affiche le nombre de répondants pour chacune des catégories de scolarité, il n'est pas nécessaire de modifier l'option déjà sélectionnée de **BARS REPRESENT**, c'est-à-dire **N OF CASES**. Cliquez sur le bouton **TITLES** afin de donner des titres au graphique.

Définition des titres de graphiques

Vous disposez de cinq lignes pour les titres. Les trois premières sont positionnées en haut (deux lignes pour **TITLE** et une ligne pour **SUBTITLE**) du graphique, tandis que les deux dernières sont en bas (**FOOTNOTE**). Tapez les titres suivants :

Titre du graphique
   LINE 1 : Représentation de la scolarité
   LINE 2 : de la population
Sous-titre du graphique
SUBTITLE: pour 1995
Pied du graphique
   LINE 1 : Tous droits réservés
   LINE 2 : UQAM

Une fois les titres saisis, cliquez sur le bouton **CONTINUE** pour revenir à la fenêtre de définition du graphique. Pour lancer la création du graphique, cliquez sur le bouton **OK**.

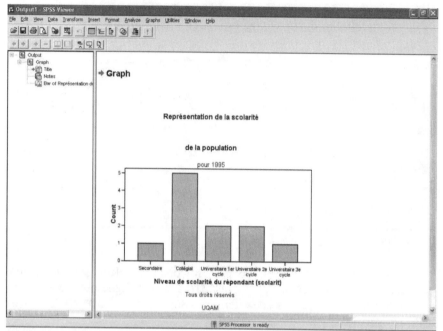

Graphique à colonne

Le graphique correspond bien aux données ainsi qu'aux spécifications demandées. Si vous observez bien l'écran, vous verrez que les menus ont été modifiés ainsi que la barre des boutons de commande. Ces deux derniers éléments permettent de traiter les graphiques plus agréablement, la modification des graphiques étant une tâche longue et complexe. Si vous désirez tenter l'expérience, vous n'avez qu'à placer le pointeur de la souris sur le graphique et à cliquer sur le bouton droit de la souris. Un menu s'offre à vous dans lequel vous sélectionnez simplement **SPSS CHART OBJECT** et ensuite **OPEN**. Le graphique apparaît maintenant dans la fenêtre **SPSS CHART EDITOR**. Vous pouvez maintenant y apporter les modifications nécessaires. Pour retourner au tableau de données, réduisez la fenêtre en cliquant sur le bouton carré en haut à la droite de l'écran.

4.2. Création d'un graphique en forme de lignes

La création d'un graphique en forme de lignes se fait de la même manière que celle du graphique en forme de colonnes. Le graphique créé ici montrera la relation entre l'emploi et la statut social du répondant. Pour créer ce graphique, exécutez l'option **LINE** du menu **GRAPHS**.

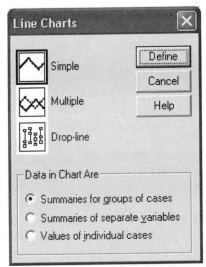

Fenêtre de création d'un graphique en ligne

La fenêtre ci-dessus est semblable à celle déjà décrite dans la section précédente. Reportez-vous à cette section pour de plus amples détails. Ce graphique comporte deux variables, soit : **scolarit** et **emploi**. Cela vous oblige à utiliser le graphique **MULTIPLE**. Cliquez sur ce dernier pour le sélectionner, puis sur le bouton **DEFINE** pour définir le graphique.

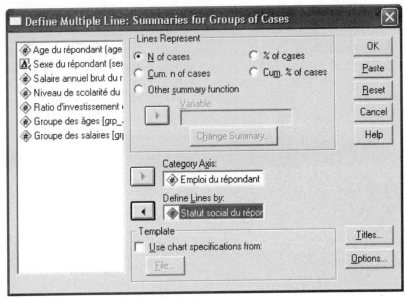

Définition des paramètres du graphique en ligne

La fenêtre de définition est exactement la même que celle de l'histogramme. La seule exception apparaît dans le centre de l'écran, où un endroit est réservé à la définition de la variable qui sera représentée par des lignes. Pour de plus amples renseignements concernant cette fenêtre, consultez la section précédente.

Sur l'axe « **X** », la variable de l'emploi sera utilisée, tandis que sur l'axe « **Y** » c'est la variable du statut social qui sera représentée. Déplacez la variable **emploi** dans la case **CATEGORY AXIS** et la variable **statut** dans la case **DEFINE LINES BY**. Ce graphique n'aura pas de titre, afin de lui laisser plus d'espace. Une fois la définition terminée, cliquez sur le bouton **OK** pour lancer la création du graphique.

Le graphique présenté ici est un peu différent de celui que vous devriez avoir obtenu. La raison en est fort simple : le graphique en forme de lignes utilise des couleurs différentes pour chacune des lignes. Étant donné que ce document est imprimé en noir et blanc, vous n'auriez pas été en mesure de voir les différentes lignes. Le graphique a donc été retouché dans l'éditeur de graphiques. Pour retourner au tableau de données, réduisez la fenêtre en cliquant sur le bouton carré, en haut, à la droite de l'écran.

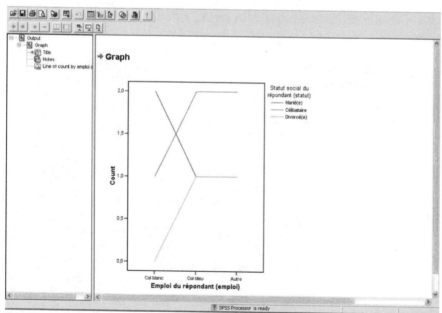

Graphique en forme de lignes

4.3. Création d'un graphique en pointes de tarte

Les graphiques en pointes de tarte sont très répandus, car ils représentent la proportion de chacune des modalités d'une variable. Dans l'exemple qui suit, la représentation des niveaux de scolarité des répondants sera affichée sous forme de tarte. Chaque niveau correspond à une pointe. Pour créer ce graphique, exécutez l'option **PIE** du menu **GRAPHS**.

La fenêtre de sélection est différente des deux autres types de graphiques (histogramme et en lignes). Dans la « tarte », il existe trois possibilités de regroupement des données. Pour la création du graphique dont nous avons besoin, l'option **SUMMARIES FOR GROUP OF CASES** doit être sélectionnée. Pour lancer la définition du graphique, cliquez sur le bouton **DEFINE**.

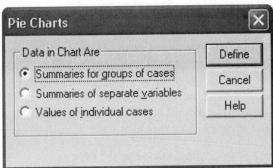

Fenêtre de sélection du type de graphique en forme de pointes de tarte

La fenêtre de définition est semblable à celle des graphiques précédents (histogramme et en lignes) ; seuls les termes ont changé pour **SLICES**. Reportez-vous aux sections correspondantes pour de plus amples détails concernant la fenêtre de définition du graphique.

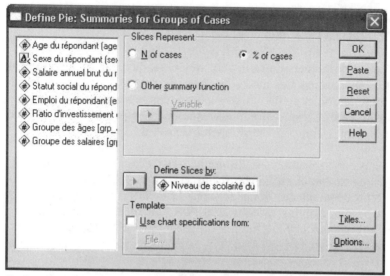

Fenêtre de définition du graphique en forme de pointes de tarte

Étant donné que le graphique doit afficher la représentation du niveau de scolarité des répondants, déplacez la variable **scolarit** dans la case **DEFINE SLICES BY**. Pour avoir un regroupement des données en pourcentage, sélectionnez l'option **% OF CASES** de l'option **SLICES REPRESENT**. Ce graphique ne porte aucun titre. Une fois la définition terminée, cliquez sur le bouton **OK** pour lancer la création du graphique.

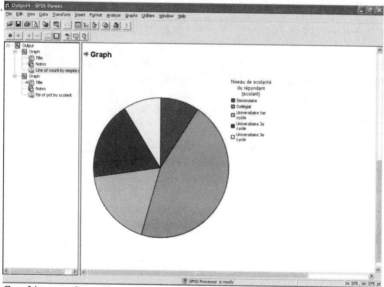

Graphique en forme de pointes de tarte

4.4. Enregistrement des graphiques

Après création ou modification des graphiques, vous pouvez décider de les enregistrer sur une disquette ou sur le disque rigide de votre ordinateur. Pour ce faire, la fenêtre **SPSS FOR WINDOWS VIEWER** doit être active. Pour enregistrer les graphiques à l'écran, cliquez sur le bouton permettant d'enregistrer un graphique ou exécutez l'option **SAVE AS** du menu **FILE**.

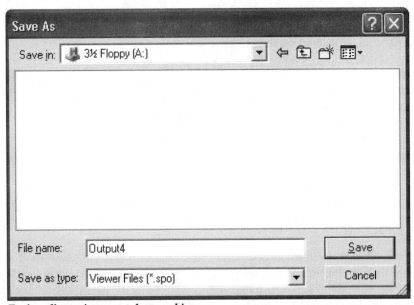

Fenêtre d'enregistrement des graphiques

Il ne vous reste qu'à sélectionner le bon lecteur ainsi que le bon répertoire. Une fois cette opération terminée, dans la case **NOM** saisissez le nom que vous désirez donner à votre graphique, puis cliquez sur le bouton **ENREGISTER** pour lancer l'enregistrement du graphique.

4.5. Impression des graphiques

Avec SPSS pour Windows, il vous est possible d'imprimer les graphiques de la fenêtre **SPSS FOR WINDOWS VIEWER** : le graphique courant (celui affiché à l'écran) ou tous les graphiques de cette fenêtre. Il est important de noter que la fenêtre contenant les graphiques doit être active pour que l'impression des graphiques puisse avoir lieu. Cliquez sur le bouton d'impression ou exécutez l'option **PRINT** du menu **FILE**.

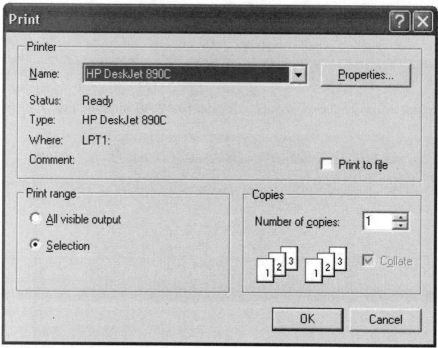

Fenêtre d'impression des graphiques

La fenêtre d'impression des graphiques se divise en trois sections. La première section, **IMPRIMANTE**, permet de sélectionner une imprimante quelconque. La deuxième section, **ÉTENDUE D'IMPRESSION**, permet de choisir si l'on désire l'ensemble des graphiques ou seulement les sélections. Finalement, dans la section **COPIES**, on saisit le nombre d'exemplaires désirés pour l'impression. Lorsque tous les paramètres d'impression sont exacts, il faut cliquer sur le bouton **OK** pour lancer l'impression.

5 Notions d'automatisation des traitements

SPSS permet d'utiliser des instructions afin de personnaliser la production de statistiques. On distingue les commandes SYNTAX et les scripts. Les premières s'appliquent au niveau de la production des rapports, tandis que les deuxièmes servent à modifier la présentation de ceux-ci.

La plupart des commandes sont accessibles à partir des menus et des boîtes de dialogue. Cependant certaines commandes et options sont disponibles seulement si l'on utilise le langage des commandes de la fenêtre SYNTAX. Ce langage vous permet de sauvegarder votre travail dans un fichier de syntaxe pour pouvoir répéter vos commandes plus tard ou pour les faire exécuter automatiquement à l'aide de l'utilitaire SPSS PRODUCTION FACILITY.

La présentation des rapports suit des modèles par défaut. L'utilisation des langages script et autoscript vous aidera à changer ces modèles et en créer de nouveaux.

Nous allons maintenant voir comment utiliser l'aide en ligne de SPSS pour créer un fichier de commande, le sauvegarder, le récupérer, l'exécuter et l'automatiser. Pour terminer, nous ferons un survol de la création et de l'utilisation des scripts et de l'autoscript.

5.1. Commandes Syntax

Les commandes de syntaxe nous permettent d'automatiser des séquences de traitement. Nous allons apprendre à créer, sauvegarder, récupérer et exécuter un fichier de commande **SYNTAX**.

5.1.1. Création d'un fichier de commandes **SYNTAX**

Nous allons procéder à la création d'un fichier **SYNTAX** contenant les commandes nécessaires pour lire un fichier de données, créer un filtre sur le titre d'emploi et produire la moyenne du salaire du répondant conditionnée par les variables **sexe**, **statut social** et **niveau de scolarité du répondant**.

Pour ce faire, nous utiliserons la commande **PASTE** qui permet de convertir en commandes texte une action de SPSS. Vous remarquerez que cette commande se retrouve dans plusieurs fenêtres que vous avez déjà utilisées au cours des chapitres précédents.

Voici les étapes à suivre :

1. Récupérer le fichier de données sauvegardé à la section **2.3. Enregistrement de données**. (Si vous avez de la difficulté, reportez-vous à la section **2.5. Ouverture d'un fichier de données en format SPSS.**)

2. Maintenant, répétez la même opération, mais ne cliquez pas sur **OPEN**, mais plutôt sur **PASTE**. Ceci permet à la commande de lecture de s'afficher dans la fenêtre **SPSS SYNTAX EDITOR**.

3. Dans la fenêtre **SPSS DATA EDITOR**, choisissez **SELECT CASES...** du menu **DATA**. Cette option permet de sélectionner un type précis de données ; dans notre cas, ce sera le titre d'emploi col blanc.

4. Sélectionnez le bouton **IF CONDITION IS SATISFIED**, ensuite cliquez sur le bouton **IF**.

5. Dans la case de droite tapez : **emploi = 1**, et cliquez sur le bouton **CONTINUE**.

6. Ensuite, cliquez sur le bouton **PASTE.**

7. Choisissez **COMPARE MEANS** du menu **ANALYZE**, puis **MEANS** ;

8. Sélectionnez la variable **salaire du répondant** et cliquez sur la flèche du haut pour définir le salaire comme variable dépendante ;

9. Sélectionnez la variable **sexe du répondant** et cliquez sur la flèche du milieu pour définir cette variable comme indépendante ;

10. Cliquez sur **NEXT**, puis sur la variable **statut social du répondant** et sur la flèche du milieu pour une deuxième variable indépendante ;

11. Cliquez sur **NEXT** encore une fois et sur **niveau de scolarité** pour définir une troisième variable indépendante.

12. Enfin, cliquez sur **PASTE**.

Une fois ces opérations terminées, vous obtenez l'écran suivant.

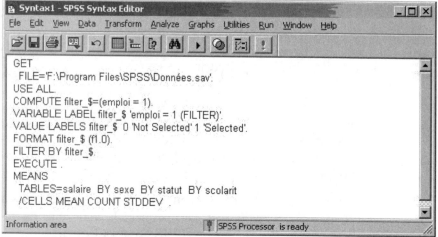

Fenêtre d'édition des commandes

5.1.2. Sauvegarde d'un fichier de commandes

Vous venez ainsi de créer votre syntaxe que vous allez maintenant enregistrer dans un fichier qui aura pour extension **.SPS**. Pour ce faire, sélectionnez l'option **SAVE AS** du menu **FILE** pour obtenir l'écran ci-après.

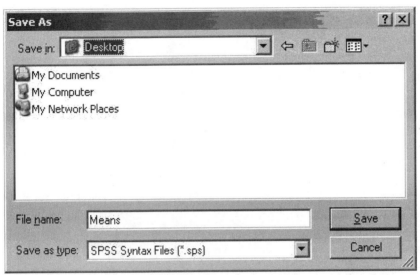

Fenêtre de sauvegarde des fichiers de commandes

Choisissez l'emplacement du fichier en cliquant sur la flèche dirigée vers le bas, en haut de l'écran, et tapez dans la case **FILE NAME** le nom que portera votre fichier. Indiquez le type de fichier dans la fenêtre **SAVE AS TYPE** en cliquant sur la flèche du bas et en choisissant parmi les différents types de fichiers existants celui avec l'extension **.SPS**, puis cliquez sur **ENREGISTRER**. Dans cet exemple, sauvegardez le fichier **MEANS.SPS** sur le bureau.

5.1.3. Récupération d'un fichier de commandes SYNTAX

On récupère un fichier de commandes **SYNTAX** comme on le fait pour tous les autres types de fichiers.

Ouvrez la fenêtre **SYNTAX EDITOR**, sélectionnez l'item **OPEN** du menu **FILE** et indiquez l'emplacement du fichier de commandes **SYNTAX**, puis son nom dans les espaces réservés à cette fin. Vous devriez avoir un écran analogue à celui présenté ci-après.

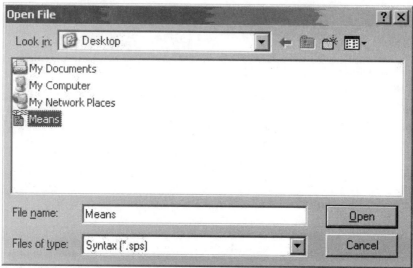

Fenêtre de récupération des fichiers de commandes

Dans cet exemple, ouvrez le fichier **MEANS.SPS** que vous venez de créer et que vous avez sauvegardé sur le bureau (Desktop). Cliquez sur **O**PEN pour y apporter les modifications désirées.

5.1.4. Exécution d'un fichier de commandes S<small>YNTAX</small>

L'exécution d'un fichier de commandes se fait en deux étapes. La première étape consiste à positionner le curseur sur la première commande à exécuter, alors que la deuxième consiste à lancer l'exécution du traitement. L'exécution débute à partir de la ligne pointée par le curseur et se termine à la dernière ligne de commandes. Les résultats s'affichent dans la fenêtre **O**UT-**PUT**, comme d'habitude. Après avoir récupéré votre fichier de commandes comme il a été indiqué précédemment, choisissez l'option **ALL** dans le menu **R**UN pour exécuter toutes les commandes que contient le fichier. Vous pouvez aussi choisir les commandes que vous voulez exécuter en utilisant l'option **S**ELECTION.

All	
Selection	
Current	Ctrl+R
To End	

Option du menu Run

5.2. L'utilitaire SPSS Production Facility

L'utilitaire **PRODUCTION FACILITY** permet de créer une séquence de traitement à partir de un ou de plusieurs fichiers de commandes **SYNTAX**, pour ensuite exécuter celle-ci en mode automatique. Ce mode de production est très utile pour effectuer des analyses de façon répétée (p. ex., analyse hebdomadaire).

5.2.1. Démarrage de PRODUCTION FACILITY

L'exécution de **SPSS PRODUCTION FACILITY** se fait en sélectionnant l'utilitaire à partir du bouton **Démarrer** de Windows, puis **Programmes** et enfin **SPSS POUR WINDOWS**. Vous choisissez alors l'option **SPSS 12.0 PRODUCTION MODE FACILITY** dans l'écran suivant.

Fenêtre de choix d'application SPSS pour Windows

Vous obtenez l'écran principal de l'utilitaire tel que ci-dessous.

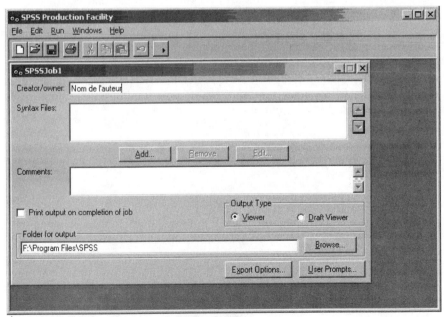

Écran principal de SPSS 12.0 Production Facility

L'écran principal de l'utilitaire **SPSS PRODUCTION FACILITY** sert à lire, sauvegarder, créer et exécuter des productions à l'intérieur des sous-fenêtres qui se trouvent dans la partie inférieure de celui-ci.

Chaque sous-fenêtre est composée de quatre sections et quatre paramètres. La première case **CREATOR/OWNER**: sert à identifier le créateur ou la personne responsable. Sous celle-ci la section **SYNTAX FILES** sert à ajouter, retirer et modifier le ou les fichiers de commandes qui formeront le programme. La case suivante **COMMENTS** permet d'insérer des commentaires qui serviront aux utilisateurs éventuels de ce programme. La section **FOLDER FOR OUTPUT** sert à désigner le répertoire qui contiendra les fichiers résultats de l'exécution du programme. Les trois paramètres (**PRINT OUTPUT ON COMPLETION OF JOB**, **OUTPUT TYPE** et **EXPORT OPTIONS**) serviront à préciser la manière selon laquelle les résultats sont requis. Le bouton **USER PROMPTS** servira à questionner l'utilisateur avant chacune des exécutions du programme. Nous verrons plus en détail l'utilisation de cette fenêtre.

5.2.2. Création d'un fichier production

Nous allons procéder à la création d'une production pour le calcul de la moyenne du salaire du répondant en utilisant un filtre sur le titre d'emploi. Nous ferons l'apprentissage de l'utilisation d'une variable Macro. Une variable Macro est un nom de variable qui est remplacée par une valeur choisie par l'utilisateur du programme lors de son exécution.

Pour ce faire, ouvrez la fenêtre **SPSS PRODUCTION FACILITY**. Dans la case **CREATOR/OWNER**, vous pouvez inscrire votre nom. Maintenant nous allons ajouter le fichier de commandes **SYNTAX MEANS.SPS** créé au début de ce chapitre. Cliquez sur le bouton **ADD** situé sous la deuxième case de la fenêtre, ce qui suit s'affichera.

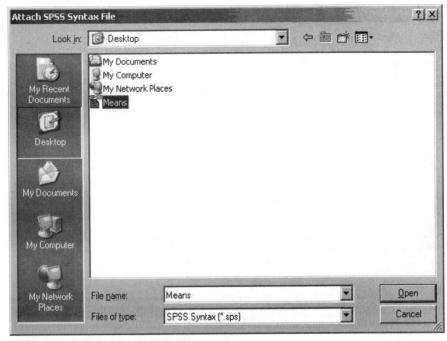

Fenêtre pour ajouter un fichier de commandes

Cliquez sur l'icône **DESKTOP** dans la marge gauche de la fenêtre ou sur le nom du répertoire contenant votre fichier **SYNTAX**. Ceci positionne la lecture du fichier sur le bureau (Desktop). Ensuite choisissez le fichier **MEANS.SPS**, et cliquez sur le bouton **OPEN** pour revenir à la fenêtre initiale.

Un fichier de commandes peut être modifié avec la plupart des éditeurs de texte. Cliquez simplement sur le bouton **EDIT**, une fenêtre **BLOC NOTES** s'ouvrira. Ajoutez en les ajustant à votre situation la commande **GET FILE** qui indique où se trouve votre fichier de données.

Nous allons maintenant modifier le fichier de commandes pour ajouter une variable macro (@emploi).

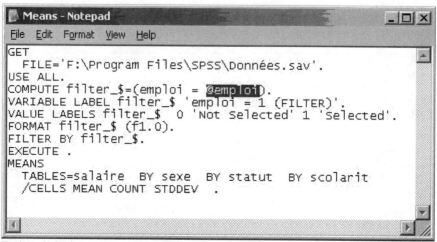

Fenêtre de l'éditeur de texte Notepad

Remplacer le chiffre 1 de la quatrième ligne par **@EMPLOI**, comme dans la fenêtre affichée ci-dessus. Ensuite, quittez cette fenêtre en utilisant le bouton **X** situé dans le coin supérieur droit de la fenêtre. Une fenêtre apparaît pour vous demander si vous voulez conserver les changements apportés au fichier.

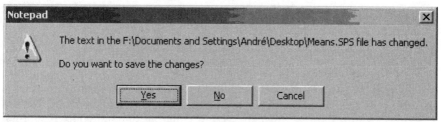

Fenêtre de confirmation pour accepter les changements apportés au fichier.

Vous cliquez sur le bouton **YES** pour accepter les changements et pour retourner à la fenêtre principale de **SPSS PRODUCTION FACILITY**. Maintenant, nous allons définir la variable Macro. Cliquez sur le bouton **USER PROMTS...** situé dans le bas de la fenêtre, pour afficher ce qui suit.

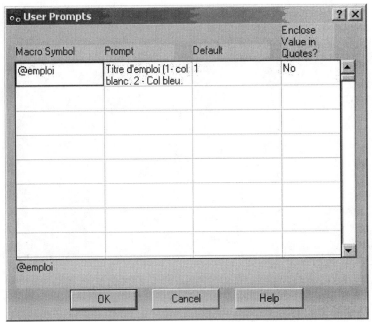

Fenêtre User Prompts

Dans la première colonne, sous **MACRO SYMBOL** entrez le nom de la variable Macro utilisée dans le fichier commande (@emploi). Un nom de variable Macro commence toujours par le caractère « @ ».

Ensuite, dans la colonne **PROMPT**, vous entrez un libellé qui sera affiché à l'utilisateur du programme lors de l'exécution. Ce libellé doit être significatif pour faciliter l'utilisation du programme. Entrez **Titre d'emploi (1- Col Blanc, 2- Col bleu, et 3- Autres)**.

Sous la colonne **DEFAULT** vous entrez une valeur qui sera prise par défaut. Pour l'exemple, entrez 1.

La dernière colonne sert à déterminer si la valeur de la variable doit être encadrée à l'intérieur de deux apostrophes. Ceci est nécessaire lorsque la variable contient des caractères alphanumériques ou si l'on désire utiliser des espaces blancs. Les valeurs possibles sont « Y » pour oui et « N » pour non. Entrez « N », car notre variable est définie comme étant numérique.

Pour revenir à la fenêtre principale, cliquez simplement sur le bouton **OK**.

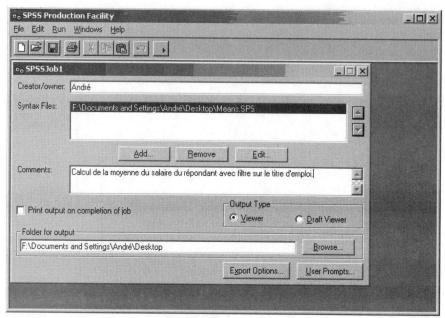

Fenêtre principale SPSS Production Facility

Dans la case **COMMENTS**, vous pouvez écrire une description du programme, comme illustré ci-dessus.

Maintenant, abordons la partie relative aux résultats. Pour obtenir une copie papier des résultats, cochez la case **PRINT OUTPUT ON COMPLETION OF JOB**.

La partie **OUTPUT TYPE** vous donne le choix d'avoir des résultats de type **VIEWER** ou **DRAFT VIEWER**. Le premier produit des tableaux à plusieurs niveaux d'agrégation et des graphiques interactifs à haute résolution. Le type **DRAFT VIEWER** produit des résultats en mode texte et des graphiques en mode image. Les résultats en mode texte seulement peuvent être modifiés avec le type **DRAFT VIEWER**. Les graphiques sont en mode image et ne peuvent être modifiés. Pour l'exemple, choisissez **VIEWER**.

La section **FOLDER FOR OUTPUT** sert à choisir le répertoire où seront sauvegardés les fichiers résultats. À l'aide du bouton **BROWSE**, vous pouvez faire le choix de l'emplacement voulu. Pour l'exemple, choisissez le bureau (Desktop). Le fichier résultats porte le même nom que le programme avec l'extension « **.SPO** ».

Le bouton **EXPORT OPTIONS...** sert à choisir le format d'exportation des fichiers résultats. Cliquez sur ce bouton pour faire afficher la fenêtre suivante.

Fenêtre Export Options

La fenêtre se complète en un maximum de trois étapes. Pour la première, le choix des documents à exporter, il y a quatre choix :

a) **OUTPUT DOCUMENT** signifie tous les résultats ;

b) **OUTPUT DOCUMENT (NO CHARTS)** signifie tous les résultats à l'exception des graphiques ;

c) **CHARTS ONLY** signifie les graphiques seulement ;

d) **NOTHING**, le paramètre par défaut, signifie aucune exportation.

La section **EXPORT FORMAT** sert à choisir le format de fichier pour les résultats en mode texte. Les choix disponibles apparaissent dans la fenêtre ci-dessous.

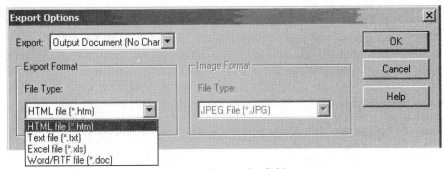

Fenêtre Export Options avec le choix de format des fichiers textes

La section **IMAGE FORMAT** sert à choisir le format de fichier pour les résultats graphiques. Le choix possible est présenté ci-dessous.

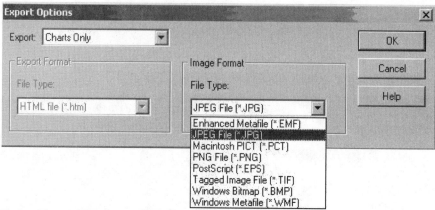

Fenêtre Export Options avec le choix de format du fichier image

Dans notre exemple, nous garderons la valeur par défaut (aucune exportation). Pour revenir à la fenêtre principale, cliquez sur le bouton **OK**. Ce qui termine la création de la production.

5.2.3. Sauvegarde d'un fichier production

La sauvegarde d'une séquence de traitement suit le même principe que les autres sauvegardes démontrées précédemment. Sélectionnez **SAVE AS ...** du menu **FILE**. La fenêtre qui suit s'affiche.

Fenêtre de sauvegarde d'un programme

Ce qui distingue une sauvegarde, c'est le type de fichier. Pour un fichier **SPSS PRODUCTION FACILITY** l'extension est **.SPP**. Pour l'exemple inscrivez **SPSSMeans** dans la case **FILE NAME** et laissez le type à **SPSS PRODUCTION JOB (*.SPP)** dans la case **SAVE AS TYPE**. Ensuite, cliquez sur le bouton **SAVE**.

5.2.4. Récupération d'un fichier production

Pour récupérer un fichier production, sélectionnez l'item **OPEN PROD. JOB...** du menu **FILE**. La fenêtre **OPEN PRODUCTION JOB** s'affiche à l'écran comme ci-dessous.

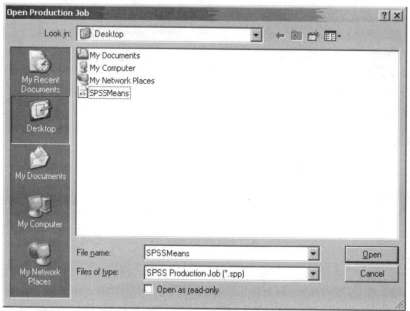

Fenêtre de récupération des fichiers production

Le choix de l'emplacement se fait à l'aide de la flèche au bout de la case **LOOK IN** ou à l'aide des icônes situés dans la marge gauche de la fenêtre. La case **OPEN AS READ-ONLY** (située dans le bas de la fenêtre) permet d'ouvrir la production en lecture seulement. De cette façon, on évite de modifier la production par erreur si notre seule intention est de l'exécuter.

Pour l'exemple en cours, cliquez sur l'icône **DESKTOP** dans la marge de gauche, ceci vous amène sur le bureau (Desktop). Choisissez le fichier **SPSSMeans** et cliquez sur le bouton **OPEN**.

5.2.5. Exécution d'un fichier production

L'exécution d'une production se fait à partir de la fenêtre principale de l'utilitaire **SPSS PRODUCTION FACILITY**.

Avant de poursuivre nous allons modifier un paramètre, afin de pouvoir observer le résultat à l'écran après l'exécution de la production. Pour ce faire, choisissez l'item **OPTIONS...** du menu **EDIT**. La fenêtre **OPTIONS** s'affiche comme ci-dessous.

Fenêtre Options du module SPSS Production Facility

Nous observons que c'est ici dans la case **EDITOR FOR SYNTAX FILES** que nous pouvons choisir le chemin de l'éditeur de productions. Nous n'avons pas besoin de faire un changement à ce niveau.

Le paramètre qui nous intéresse est dans la section centrale **SPSS APPLICATION MODE**. Cochez la case **SHOW SPSS WHEN RUNNING** et sélectionnez **LEAVE SPSS OPEN AT COMPLETION OF JOB**. Ceci vous permettra de voir la fenêtre **SPSS VIEWER** s'afficher avec les résultats après l'exécution de la production. Cliquez sur le bouton **OK** pour revenir à la fenêtre principale.

Maintenant nous pouvons exécuter notre production. Pour ce faire, choisir l'item **PRODUCTION JOB** du menu **RUN** ou le bouton avec une flèche pointant vers la droite (▶). La fenêtre qui suit s'affiche.

Fenêtre User Prompts

Inscrivez **2** dans la case pour sélectionner les employés dont le titre d'emploi est Col bleu. Ensuite, cliquez sur le bouton **OK** pour continuer. La fenêtre suivante s'affiche.

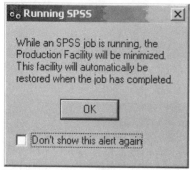

Fenêtre Runnig SPSS

Cette fenêtre nous informe que la fenêtre **PRODUCTION FACILITY** sera réduite durant l'exécution. Elle s'affichera à l'écran à la fin de l'exécution du programme. On peut supprimer l'affichage de cet avis en cochant la case **DON'T SHOW THIS ALERT AGAIN**. Ensuite, cliquez sur le bouton **OK** pour que l'exécution démarre.

Lorsque l'exécution se termine, les fenêtres de SPSS s'affichent. La fenêtre **SPSS DATA EDITOR** s'affiche comme suit.

	age	s e x	salaire	statut	emploi	scolarit	ratio	grp_age	grp_slr
1	27	H	25000	1	2	1	5,0	2	3
2	41	F	24000	3	2	2	6,5	4	3
3	25	H	26500	1	3	2	3,4	2	4
4	24	H	28000	2	2	2	2,8	2	4
5	33	H	37000	1	1	2	4,0	3	5
6	55	H	27500	2	3	2	6,1	5	4
7	34	F	29800	1	1	3	6,2	3	4
8	29	H	27500	2	1	3	5,2	2	4
9	38	F	34000	2	2	4	6,5	3	5
10	40	F	29550	2	3	4	6,2	3	4
11	31	F	49000	3	3	5	5,0	3	6

Fenêtre SPSS Data Editor

Vous pouvez observer que les enregistrements non compris dans la sélection (Titre d'emploi différent de 2) ont une ligne diagonale dans la case à l'extrême gauche. Vous pourrez observer un changement si vous recommencez l'exécution avec une sélection différente. Vous pouvez aussi voir les résultats dans la fenêtre **SPSS Viewer** comme ci-dessous.

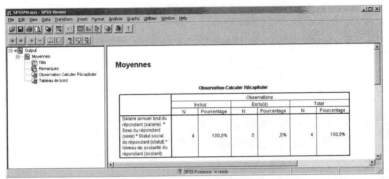

Fenêtre SPSS Viewer, partie supérieure des résultats

En bougeant la barre de défilement vers le bas, vous aurez accès aux résultats complets de la partie Tableau de bord, comme dans la fenêtre ci-dessous.

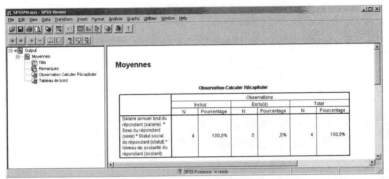

Fenêtre SPSS Viewer, partie inférieure du rapport

Vous remarquerez que les deux fichiers **SPSSMeans** sont sur le bureau. Les icônes diffèrent, car le type de fichier est différent.

Icône du fichier programme de type « **.SPS** ».

Icône du fichier résultats de type « **.SPO** ».

5.3. Modification des résultats à l'aide de fichiers scripts

L'utilisation de scripts permet de personnaliser la présentation des résultats, soit en utilisant des autoscripts pendant ou des scripts après la production de ceux-ci.

5.3.1. Utilisation de scripts

Plusieurs exemples de script sont fournis avec le produit **SPSS 12.0**. Avec ces scripts, vous pouvez recalculer les données ou changer le format des rapports.

Pour la démonstration, nous utiliserons le rapport du calcul de fréquences créé à la section **3.1. Distribution de fréquences**. Suivez les étapes indiquées, pour le reproduire.

1. Dans la fenêtre **DATA EDITOR** ;

2. Ouvrez le fichier **DONNEES.SAV**, que vous avez sauvegardé dans la section **2.3. Enregistrement de données** ;

3. Dans le menu **ANALYSE** choisissez l'item **FREQUENCIES** du sous-menu **DESCRIPTIVE STATISTICS** ;

4. Sélectionnez la variable **sexe du répondant** ;

5. Cliquez sur la flèche pour transférer la variable sélectionnée vers la case **VARIABLE(S)** ;

6. Cliquez sur le bouton **OK**.

Ouvrez la fenêtre **OUTPUT-SPSS VIEWER** pour afficher le résultat qui suit.

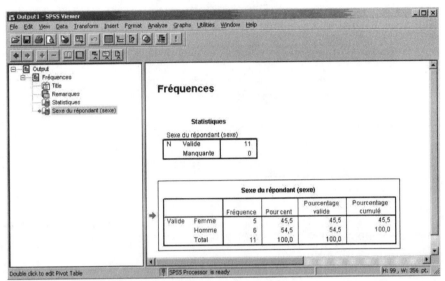

Fenêtre Output-SPSS Viewer le tableau Sexe du répondant

Cliquez sur le tableau «Sexe du répondant» pour le sélectionner (comme ci-dessus). Ensuite choisissez l'item **RUN SCRIPT** du menu **UTILITIES**. La fenêtre suivante s'affichera (exception faite du répertoire actif).

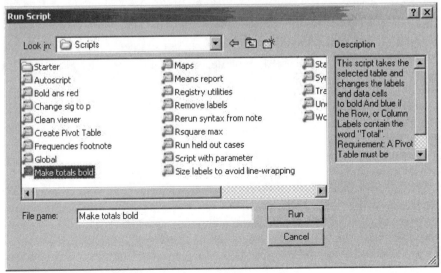

Fenêtre Run Script

Dans la case **LOOK IN**, utilisez la flèche pour sélectionner le répertoire **SCRIPTS** à l'intérieur du répertoire d'installation de **SPSS**. Ensuite cliquez sur le fichier **MAKE TOTALS BOLD**. Vous remarquerez qu'une description du script s'affiche dans la case **DESCRIPTION** située à la droite de la fenêtre. Maintenant cliquez sur le bouton **RUN**, et vous remarquerez que la ligne Total est maintenant en caractère gras (de couleur bleue à l'écran).

Sexe du répondant (sexe)

		Fréquence	Pour cent	Pourcentage valide	Pourcentage cumulé
Valide	Femme	5	45,5	45,5	45,5
	Homme	6	54,5	54,5	100,0
	Total	**11**	**100,0**	**100,0**	

En visualisant les descriptions des scripts fournis par SPSS, vous pouvez maintenant rechercher un script qui produit le changement de formatage que vous désirez.

5.3.2. Utilisation d'autoscript

Autoscript peut être utilisé pour changer la manière dont un rapport sera généré. Par exemple, vous pouvez spécifier comment un certain type de tableau de bord est formaté avant même qu'il ne soit produit. Un fichier autoscript peu contenir plusieurs scripts différents, chacun associé à un différent type de rapport.

Pour notre exemple, vous ouvrez la fenêtre **DATA EDITOR**. Choisissez l'item **OPTION** du menu **EDIT**. Ensuite, sélectionnez l'onglet **SCRIPTS**. La fenêtre suivante s'affiche.

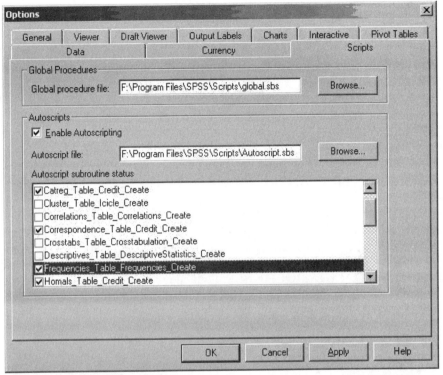

Onglet Scripts de la fenêtre Options

La fonction autoscript est activée par défaut, nous pouvons enlever ou remettre cette fonction en cliquant sur l'item **ENABLE AUTOSCRIPTING**. Nous laisserons ce paramètre activé.

Le chemin du fichier autoscript utilisé apparaît dans la case **AUTOSCRIPT FILE**. C'est ce fichier de type **.SBS** qui contient les sous-routines affichées dans la case au bas de la fenêtre. Cochez la case de la sous-routine **FREQUENCIES_TABLE_FREQUENCIES_CREATE** pour l'activer. Celle-ci génère tous les totaux en caractères gras. Cliquez sur le bouton **OK** pour accepter les changements.

Pour visualiser comment l'autoscript affecte les résultats, vous devez faire un calcul de fréquences. Cliquez sur **ANALYZE** et choisissez l'item **FREQUENCIES** du sous-menu **DESCRIPTIVE STATISTICS**. Ensuite pressez le bouton **OK**, le résultat s'affichera comme suit.

Sexe du répondant (sexe)		Fréquence	Pour cent	Pourcentage valide	Pourcentage cumulé
Valide	Femme	5	45,5	45,5	45,5
	Homme	6	54,5	54,5	100,0
	Total	**11**	**100,0**	**100,0**	

5.3.3. Création de scripts

La création de scripts personnalisés permet d'automatiser plusieurs de vos tâches régulières. Vous pouvez écrire de nouveaux scripts ou modifier des scripts déjà existants. Pour notre démonstration, nous allons modifier le script **MAKE TOTALS BOLD.SBS** pour en faire une nouvelle version que nous nommerons **TOTAUX ROUGE.SBS**. Pour ce faire, cliquez sur le menu **FILE** et choisissez l'item **SCRIPT** du sous-menu **OPEN**. La fenêtre qui suit s'affiche.

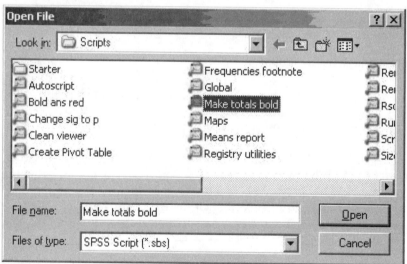

Fenêtre d'ouverture de fichiers scripts

Si nous voulons écrire un script en partant de zéro, nous choisissons le répertoire dans lequel nous voulons le créer (dans la case **LOOK IN**) et ensuite nous écrivons le nom du nouveau script dans la case **FILE NAME**. Mais pour notre démonstration, nous allons effectuer les étapes qui suivent. À l'aide de la flèche au bout de la case **LOOK IN**, positionnez la fenêtre au répertoire **SCRIPTS** situé dans le répertoire d'installation de SPSS. Ensuite, sélectionnez le fichier **MAKE TOTALS BOLD** et cliquez sur le bouton **OPEN**. Vous verrez alors la fenêtre suivante apparaître.

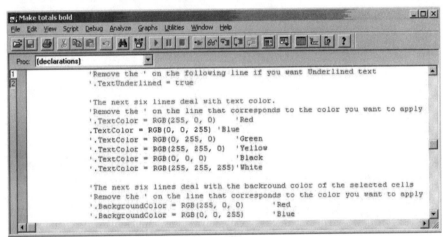

Fenêtre d'édition d'un fichier script

En déroulant le texte à l'aide de la barre de défilement, vous position-nez le texte comme dans la fenêtre ci-dessus. Une façon plus rapide est de faire une recherche sur les mots « Text color » à l'aide de l'item **FIND** du menu **EDIT**.

Vous remarquerez que le texte est coloré pour faciliter la distinction des différents éléments du script. Par défaut, les commentaires sont en vert, les commandes du langage **Sax Basic** en bleu, les erreurs en rouge, et les autres objets en magenta. Il est possible de modifier l'apparence du texte en modifiant les propriétés par défaut (couleur, grosseur et police de carac-tère). Ces dernières se retrouvent dans l'item **EDITORS PROPERTIES...** du menu **SCRIPT**. Nous ne verrons pas cette fenêtre ici, vous pouvez l'expéri-menter par vous-même.

Nous allons maintenant modifier le code du script pour changer l'ins-truction qui détermine la couleur bleue des résultats. Pour ce faire, nous allons mettre en commentaire la ligne active (bleue) et rendre opérationnelle la ligne qui détermine la couleur rouge. Il suffit d'enlever ou de mettre une apostrophe au début de la ligne pour transformer celle-ci en commentaire. Alors ajoutez une apostrophe au début de la ligne « .TextColor = RGB(0, 0, 255)'Blue », et enlevez celle du début de la ligne «'.TextColor = RGB(255, 0, 0)'Red ». Le résultat doit être exactement comme celui affiché dans la fenêtre suivante.

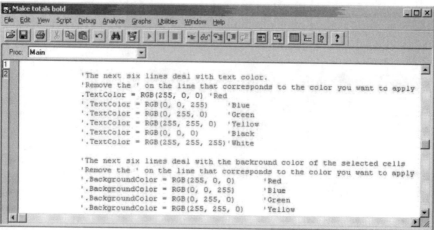

Résultat de la fenêtre Script après la modification

Vous remarquerez que les couleurs des lignes changent automatiquement. Maintenant que la modification est complétée, nous allons sauvegarder notre nouveau script, et ensuite vérifier s'il fonctionne bien. Pour ce faire, choisissez l'item **SAVE AS...** du menu **FILE**. La fenêtre suivante apparaît.

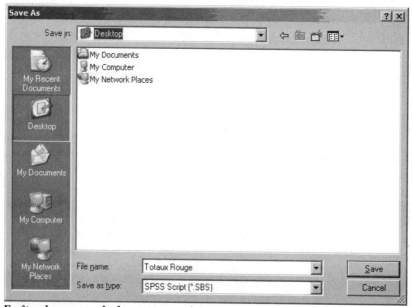

Fenêtre de sauvegarde du nouveau script

Nous sauvegarderons le nouveau script **TOTAUX ROUGE.SBS** sur le bureau (Desktop). Cliquez sur l'icône **DESKTOP** dans la marge gauche de la fenêtre. Ensuite inscrivez le nom **TOTAUX ROUGE** dans la case **FILE NAME** et cliquez sur le bouton **SAVE**.

La prochaine étape est d'exécuter ce script. À l'aide des instructions de la section **3.1.2.1. Utilisation de script**, faites les étapes suivantes.

a) Ouvrez la fenêtre **SPSS Viewer** ;

b) Sélectionnez le tableau « **Sexe du répondant** » ;

c) Choisissez l'item **Run Script** du menu **Utilities** ;

d) Sélectionnez le script **TOTAUX ROUGE.SBS** sur le bureau (Desktop) ;

e) Visualisez le résultat.

Vous devriez obtenir le résultat suivant.

Sexe du répondant (sexe)

		Fréquence	Pour cent	Pourcentage valide	Pourcentage cumulé
Valide	Femme	5	45,5	45,5	45,5
	Homme	6	54,5	54,5	100,0
	Total	11	100,0	100,0	

5.3.4. Création d'autoscript

Autoscript ressemble au script régulier, car il utilise les mêmes règles de syntaxe et le même éditeur de scripts. La différence est que le fichier autoscript peut contenir plusieurs scripts distincts. Pour créer un autoscript, vous devez exécuter le type de résultat sur lequel l'autoscript s'appliquera.

Pour ce faire, ouvrez la fenêtre **DATA EDITOR** et refaites les étapes pour créer le tableau « Sexe du répondant ». Cliquez sur **ANALYZE** et choisissez l'item **FREQUENCIES** du sous-menu **DESCRIPTIVE STATISTICS**. Ensuite, pressez le bouton **OK**. Lorsque la fenêtre **SPSS VIEWER** apparaît, sélectionnez le tableau « **Sexe du répondant** ». À l'aide du bouton droit de la souris, cliquez une fois et sélectionnez l'item **CREATE/EDIT AUTOSCRIPT** avec le bouton gauche de la souris. La fenêtre de l'éditeur de scripts s'affiche.

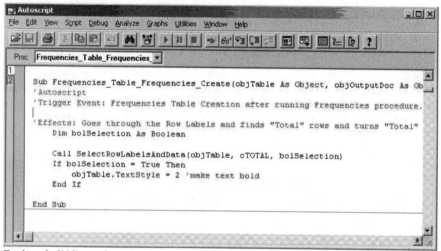

Fenêtre de l'éditeur de scripts

Une nouvelle entrée s'insère automatiquement à l'intérieur du fichier autoscript courant. La nouvelle entrée contient le code qui identifie le type de résultat et spécifie que ce script s'exécutera lors de la création de ce type de résultat. Dans notre cas, le code existe déjà pour ce type de résultat. Vous avez la possibilité de modifier, détruire ou ajouter des lignes de code. Une expérience en programmation est requise pour ce genre d'exercice.

Pour vous assister, vous pouvez utiliser les items **SCRIPT LANGUAGE** et **SCRIPTING TIPS** du menu **HELP**. Vous pouvez aussi utiliser l'item **OBJECT BROWSER** du menu **DEBUG** pour avoir une liste des objets et méthodes disponibles. Sélectionnez-le maintenant, la fenêtre qui suit apparaîtra.

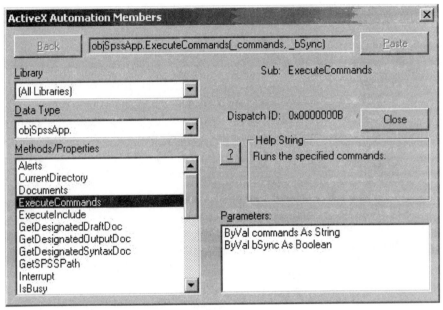

Fenêtre Object Browser

À l'aide de cette fenêtre vous pouvez préparer des instructions pour les ajouter dans le script. Une brève description de l'objet sélectionné dans la case **METHODS/PROPERTIES** apparaît dans la case **HELP STRING**. Pour une description plus précise, cliquez sur le bouton d'aide « **?** ». Lorsque votre instruction est prête, cliquez sur le bouton **PASTE** pour l'insérer dans le script.

Étant donné que vous ne voulez pas modifier l'autoscript, fermez les fenêtres ouvertes à l'aide du bouton **X** situé dans le coin supérieur droit de chacune d'elles. Si une fenêtre de confirmation pour sauvegarder vos changements apparaît, répondez **NO** pour ne pas altérer le fichier autoscript de SPSS.

Ceci termine le survol des scripts et autoscripts. Pour de plus amples renseignements reportez-vous à des manuels sur SPSS ou Visual Basic for Applications[MD].

COMPRENDRE LA STATISTIQUE

Manuel d'autoformation

Denis Allaire

1995, 372 pages
ISBN 2-7605-0843-9

34$

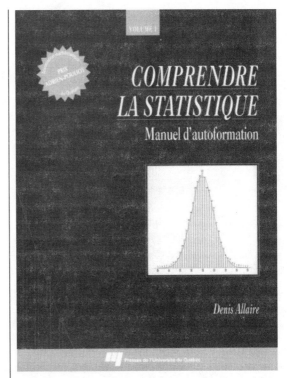

À découvrir

D e facture essentiellement pédagogique, cet ouvrage s'adresse aux étudiants de toutes les disciplines qui ont comme bagage mathématique un cours de niveau secondaire; il vise donc en premier lieu les étudiants des sciences humaines qui ont besoin de maîtriser les statistiques et d'en comprendre les résultats pour pouvoir les interpréter dans leurs analyses. Chaque chapitre comprend de nombreux exercices avec leurs solutions; ils traitent des notions d'échantillon et de variable, de statistiques univariées, bivariées et multivariées, de la transformation d'une variable et de la théorie des tests.

Prix sujet à changement sans préavis

www.puq.ca

418 · 657-4399

MEMBRE DE SCABRINI MEDIA

Québec, Canada
2004